政府・議員・市民団体・女性たち・男性たちに

女性への暴力防止・法整備のための国連ハンドブック

女性への暴力根絶に向けて、
わたしたちの力を合わせよう！

女性への暴力防止・法整備のための
国連の法律モデルは、女性への暴力を犯罪とし、
被害者には、社会的公正と支援、
保護と救済策を提供し、
加害者には、起訴・処罰を、勧告するものです。
すべての人々に活用していただくために、
翻訳出版しました。

矯風会ステップハウス

梨の木舎

女性への暴力防止法・法整備のための国連ハンドブック/目次

女性への暴力防止・法整備のための国連ハンドブック

　　　　　　　　　　　　　　　　　　　　　　　　　………………………009
　まえがき………………………………………………………………………010
　謝辞……………………………………………………………………………012

1章　はじめに――世界は動き出している…………………………013

2章　国際的・地域的な法および政策について……………………019
　1. 国際的な法・政策文書と判決……………………………………………020
　　❶ 国際人権条約……………………………………………………………020
　　❷ その他の人権条約………………………………………………………022
　　❸ 国際的政策文書…………………………………………………………024
　2. 地域的な法・政策文書と法的処置………………………………………026
　3. 模範的法律と戦略…………………………………………………………029

3章　女性への暴力防止についての法律モデル……………………031
　1. 人権にもとづく、包括的アプローチ……………………………………032
　　❶ ジェンダーにもとづく差別としての女性への暴力…………………032
　　❷ 総合的な法的アプローチ………………………………………………033
　　❸ 法律の平等な適用と、複合的な差別への対応措置…………………034
　　❹ ジェンダーに配慮した法律……………………………………………035
　　❺ 慣習法・宗教法と司法制度の関係……………………………………036
　　❻ 矛盾する法律の修正・改正……………………………………………037
　2. 履行…………………………………………………………………………038
　　❶ 国内行動計画または戦略………………………………………………038
　　❷ 予算………………………………………………………………………038
　　❸ 公務員の研修と対応の強化……………………………………………039
　　❹ 専門の警察・検察部門…………………………………………………041
　　❺ 専門裁判所………………………………………………………………042
　　❻ 実施要綱・ガイドライン・基準・規則………………………………043
　　❼ 施行についての時間制限………………………………………………044
　　❽ 関連機関による法令違反に対する罰則………………………………044
　3. モニタリング（履行の監視）と評価……………………………………045
　　❶ 履行を監視する特定の組織制度………………………………………045
　　❷ 統計データの収集………………………………………………………047
　4. 定義…………………………………………………………………………049
　　❶ 女性への暴力の形態を定義する………………………………………049
　　❷ DVを定義する……………………………………………………………050

〈1〉DVの形態に関する包括的定義 ……………………………050
　　　〈2〉法律により保護される人の範囲　………………………051
　　❸ 性暴力を定義する ………………………………………………052
　　　〈1〉夫婦間レイプを含む性的暴力を広く定義する ……………052
　　　〈2〉セクシュアル・ハラスメントを定義する　………………055
5. 防止 ………………………………………………………………………058
　　❶ 女性への暴力の防止に関する規定の組み入れ ………………058
　　❷ 啓発 ………………………………………………………………059
　　❸ 教育カリキュラム ………………………………………………060
　　❹ メディアの意識の向上 …………………………………………061
6. 被害者／サバイバーの保護・支援・援助 ………………………………062
　　❶ 包括的かつ総合的な支援サービス ……………………………062
　　❷ レイプ救援センター ……………………………………………064
　　❸ 雇用関係にあるサバイバー女性への支援 ……………………064
　　❹ 被害者／サバイバーの居住の権利 ……………………………065
　　❺ サバイバー女性への経済的支援 ………………………………066
7. 移民女性の権利 …………………………………………………………068
　　❶ サバイバーの在留資格 …………………………………………068
　　❷ 国際結婚仲介業者の規制と外国人女性の権利保障 …………069
8. 捜査 ………………………………………………………………………071
　　❶ 警察官の義務 ……………………………………………………071
　　❷ 検察官の義務 ……………………………………………………072
　　❸ 積極的逮捕政策・積極的起訴政策 ……………………………074
9. 法的手続きと証拠 ………………………………………………………076
　　❶ 調停の禁止 ………………………………………………… 076
　　❷ 迅速な法的手続きを促進する …………………………… 076
　　❸ 法律相談および無料の法的支援・通訳・裁判援助 …… 077
　　❹ 暴力被害を訴える女性／サバイバーの裁判中の権利 … 079
　　❺ 証拠収集・提出について ………………………………… 081
　　❻ 被害の訴えの遅れが被害者の不利益とならないこと … 083
　　❼ 性暴力に関する法的手続きからの差別的要素の撤廃 … 084
　　　〈1〉「注意警告」や「裏付け証拠原則」を廃止する ………… 084
　　　〈2〉暴力被害を訴える女性／サバイバーの性的経歴が証拠として
　　　　　採用されないこと ………………………………………… 085
　　❽ 「被害者の誤った供述」を犯罪としない …………………… 086
10. 保護命令 ………………………………………………………………087
　　❶ 女性へのあらゆる形態の暴力に活用できる保護命令 ……087
　　❷ 保護命令とその他の法的手続きの関係 ……………………089
　　❸ 保護命令の発令内容 …………………………………………089
　　❹ 緊急保護命令 …………………………………………………090

❺ 審理後の保護命令 ……………………………………………091
❻ 保護命令の申立が可能な人の範囲 …………………………092
❼ 保護命令の発令に十分な、暴力被害を訴える
　女性／サバイバーの証拠について ……………………………093
❽ DVにおける保護命令の発令に特有の問題 …………………094
　〈1〉加害者と被害者の双方向の保護命令と、
　　　「挑発的行為」の「引用」が法律に含まれないこと …………094
　〈2〉保護命令手続きにおける子の監護権（親権）の問題 ………095
❾ 保護命令違反による刑法上の犯罪 …………………………096

11. 刑の言い渡し ………………………………………………………097
❶ 犯罪の深刻さに見合った判決 …………………………………097
❷ 処罰の免除と減刑の撤廃 ………………………………………097
❸ DVの再犯への刑の加重 ………………………………………098
❹ DV事件における罰金刑の検討 ………………………………099
❺ サバイバー女性への賠償と原状回復 …………………………100
❻ 加害者向け更生プログラムと代替処罰 ………………………100

12. 民事訴訟 ……………………………………………………………103
❶ 加害者に対する民事訴訟 ………………………………………103
❷ 第三者に対する民事訴訟 ………………………………………104

13. 家族法 ………………………………………………………………106
14. 難民法 ………………………………………………………………106

4章　女性への暴力に関する法案の起草にあたって踏むべき手順の
　　　　チェックリスト ………………………………………………109

女性たちへ！──私たちはここまできた

角田由紀子 ……………… 113

1　私たちはここまできた …………………………………………114
　〈豊富なアイディア〉 ……………………………………………114
　〈第3次男女共同参画基本計画との連動〉 ……………………114
　〈女性運動の国際連帯の力に学ぶ〉 ……………………………116
2　法律を作るとはどういうことか ………………………………117
3　女性への暴力をなくすことと経済回復 ………………………118
4　法律の運用をどうするのか ……………………………………119
　〈法律に則った運用〉 ……………………………………………119
　〈第3次男女共同参画基本計画を活かそう〉 …………………121
5　「3章 女性への暴力防止についての法律モデル」
　　へのコメント ……………………………………………………123

解説──女性への暴力防止・法整備を実現するために

　　　　　　　　　　　　　柳本祐加子……………133
1. 「女性への暴力」ということばが、女性たちに力を与えた ……134
2. 世界は女性への暴力にどう取組んできたか………………135
   - ●女性への暴力はどのように語られてきたか ……………135
     - ①ナイロビ将来戦略（1985年）………………136
     - ②女性への暴力・女性差別撤廃委員会一般的勧告19（1992年）…………136
     - ③女性への暴力根絶宣言（1993年）……………137
     - ④北京行動綱領（1995年）………………138
     - ⑤女性への暴力根絶のためのモデル戦略（1997〜98年）……139
   - ●世界は何を目指そうとしているのか ……………………142
     - ①女性への暴力の定義………………143
     - ②サバイバーへの支援　　　　　　　143
     - ③裁判について　　　　　　　145
     - ④サバイバーが賠償をうける権利 ……………147
     - ⑤子どもの親権者、面接交渉について　……………148
     - ⑥加害者への対応について ………………148
     - ⑦予防対策 ………………149
     - ⑧モニター（監視）機関の設置 ……………150
3. 日本の課題………………150
   - ①日本の「宿題」………………150
   - ②第3次男女共同参画基本計画・第9分野「女性に対するあらゆる暴力の根絶」について………………152
   - ③改正への道すじを検討する ………………154
4. おわりに ………………156

あとがき──こんな法律がほしい！

ステップハウス設立10年──
『女性への暴力防止・法整備のための国連ハンドブック』出版にあたって
　　　　　　　　　　東海林路得子 ……………… 157

　付表①女性への暴力防止のための国連ハンドブックの提案…162
　付表②女性への暴力防止・法整備の日本の宿題 ……………164
　索引──女性への暴力防止法・各国の事例………………166

女性への暴力防止・
法整備のための
国連ハンドブック

まえがき

　女性は、世界のどこでも貧富の別なく、殴られ、売買され、レイプされ、殺されています。こうした人権侵害は、一人一人の女性に計り知れない被害と苦痛をもたらし、さらにその上、社会全体をも引き裂きます。
　世界はこれに立ち向かおうと動き出しました。女性への暴力をくいとめようという気運は世界的に高まってきました。
　2008年、国連事務総長は、「力を合わせよう～女性への暴力根絶に向けて」というテーマで数年間をかけた世界キャンペーンを立ち上げ、女性への暴力をなくすため、すべての共に働く人々にむけて力を結集するよう呼びかけました。
　このキャンペーンは法律の力を認識しており、掲げた5つの目標のうちの1つは、「すべての国が、国際人権基準に沿った形で、女性へのあらゆる暴力防止に取り組み、2015年までに、それらを処罰する法律を制定し施行すること」です。
　このたび、DAW/DESA国際連合女性の地位向上部・経済社会局によって作成されたこの『女性への暴力防止・法整備のためのハンドブック』は、各国政府をはじめすべてのステークホルダー（問題を共有する個人や団体）が女性を守る既存の法律を強化し、新たな法律を制定するための一助になるものです。
　私は、このハンドブックの内容をおおいに推奨するとともに、貴重な議論を重ね、このハンドブックの基盤となる報告書を提出してくださった専門家会議の皆さまに深く感謝します。
　女性への暴力防止・法整備の法律モデルについての勧告は、被害者に社会的公正と支援、保護と救済策を提供し、加害者の責任を明確にする方法としてたいへん役立つものです。勧告にともなう解説では、世界各国の法律の効果的な例に光を当てます。
　これまで20年以上にわたって、多くの国が女性への暴力防止に取り組

む法律の制定や改正に力を尽くしてきました。法律によって、女性への暴力を犯罪とし、加害者を起訴・処罰し、被害者のエンパワーメントと支援をし、予防を強化する事例も増えてきました。被害者は民事救済の利益も受けつつあります。

　しかし、各国の法的枠組みの較差もいまなお顕著です。女性への暴力防止に向け、国際的な義務に沿った取り組みを怠っている国は、世界中にまだまだ多いのです。罪を問われない加害者が多すぎ、処罰されずに看過されるケースが後を絶ちません。また女性が法的手続きをとっている間に、二次被害にあう事態も続いています。

　包括的な法律こそが、効力のある対処法を提供できるのですが、こうした法律は、適正な運用とモニタリング（履行の監視）を絶えず必要とし、問題解決のための適切な社会資源が活用されなければなりません。法の精神と規定を運用するにあたって、この分野に取り組む公務員その他の人材には、ふさわしい技能と能力と感性が要求されます。法律は、教育、啓発、地域活動などと一体となってこの取り組みを周知させ、差別的な固定観念や態度を改善させ、政策立案に必要な調査と知識の蓄積を義務づけなければなりません。

　情報満載のこの『女性への暴力防止・法整備のための国連ハンドブック』は、国連事務総長主導のキャンペーン、「力を合わせよう〜女性への暴力根絶に向けて」の目標実現に大きく貢献するでしょう。このハンドブックを、すべての政策立案者や関心のある人々に推奨します。

2009年7月

アシャ＝ローズ・ミギロ
Asha-Rose Migiro
国際連合副事務総長

謝辞

　この『ハンドブック』は、2008年5月、国連女性の地位向上部（The Division for the Advancement of Women = DAW）が、国連薬物犯罪事務所の協力を得て招集した、女性への暴力防止の法整備を検討する専門家会議の結果報告にもとづいて編纂されたものである。

　この会議では、暴力にさらされた世界中の女性の体験や防止の取り組み、そして法律の効果的な例を検証・分析し、女性への暴力防止の法律モデルを開発した。

　国連女性の地位向上部（DAW）は、2008年5月の女性への暴力防止に取り組む法整備検討のための専門家会議に参加された以下のメンバーに感謝する。

Carmen de la Fuente Mendez（スペイン）、Sally F. Goldfarb（アメリカ合衆国）、Rowena V. Guanzon（フィリピン）、Claudia Herrmannsdorfer（ホンジュラス）、Pinar Ilkkaracan（トルコ）、P. Imrana Jalal（フィジー）、Olufunmilayo (Funmi) Johnson（英国）、Naina Kapur（インド）、Rosa Logar（オーストリア）、Flor de Maria Meza Tananta（ペルー）、Njoki Ndungu（ケニア）、Theodora Obiageli Nwankwo（ナイジェリア）、Renee Romkens（オランダ）、Karen Stefiszyn（カナダ・南アフリカ）、Cheryl A. Thomas（アメリカ合衆国）。

　このほか、以下の国連関連団体や政府間組織、非政府組織（NGO）の代表もこの会議に参加した。Gloria Carrera Massana（OHCHR国連人権高等弁務官事務所）、Dina Deligiorgis（UNIFEM国連女性開発基金）、Tanja Dedovic（IOM国際移住機関）、Kareen Jabre（IPU列国議会同盟）、Dubravka Simonovic（CEDAW女性差別撤廃委員会議長）、Richard Pearshouse（カナダHIV/AIDS法律ネットワーク）、Nisha Varia（ヒューマンライツウォッチ）。

　専門家会議と論文に関する詳細は以下のサイトをご参照ください。

http://www.un.org/womenwatch/daw/egm/vaw_legislation_2008/vaw_legislation_2008.htm

はじめに
世界は動き出している

1章

包括的な法の整備は、女性への暴力に対して効果的に取り組むためには不可欠です。各国政府は国際法のもとで、女性へのあらゆる形態の暴力防止に取り組む法律を制定し、施行し、それをモニタリング（履行監視）する明確な義務があります。

　この20年間にわたって、多くの国が女性への暴力防止に取り組む法律の採択や改正に着手してきました。法律によって*1、女性への暴力を犯罪と認定し、加害者を起訴・処罰し、被害者のエンパワーメントと支援をし、予防を強化する事例も増加しています。また被害者は民事救済の利益も受けつつあります。しかし、各国の法的枠組みの較差もいまなお顕著です。女性への暴力防止に特別に対応した法整備のない国も多く、そうした法律が存在するとしても、その適用範囲はしばしば限定的であるか、あるいは実際には活用されていません*2。

　国際人権基準に沿った形で、女性や少女への暴力防止に取り組み、それを罰する国内法を2015年3月までにすべての国で制定・施行する、という目標は、国連事務総長主導のキャンペーン、「力を合わせよう～女性への暴力根絶に向けて」*3が目指す5大目標の1つです。

　このハンドブックは、すべての関係者に、女性への暴力防止に取り組み、加害者を処罰し、あらゆる場所でサバイバーの権利を確保するような法律の制定や効果的な運用を実現するために、詳細にアドバイスしていきます。

　つぎつぎに起きる女性への暴力の弊害に対処する確固とした基盤を法的に導入する際に、このハンドブックが各国の政府、議員、市民団体、国連諸機関スタッフ、その他の人々に有効活用されるよう願っています。

　最初に、各国における、女性への暴力防止に取り組む包括的で効果的な法律を制定し運用するよう義務づけた、国際的・地域的な法律や政策の枠組みの概要を述べます。続いて、女性への暴力防止にむけた法整備の枠組みモデルを14に分けて提示します。

　最後に、女性への暴力防止に取り組む法案を起草するときに考慮すべきチェックリストを提供しています。このリストは、目標を明確にすることの重要性に焦点を当て、すべての関係者、中でも特に被害者本人／サバ

イバーと共に総合的で包括的な検討作業を行うことと、法案起草に際しては調査研究のデータにもとづくアプローチを提唱しています。

女性への暴力防止に取り組む法律モデルは、法律の内容について勧告しており、それに説明的なコメントと各国の法律の効果的な例をあげています。その多くは女性への暴力全般に適用できるもの、そのうちのいくつかは、DVや性暴力など特定の形に適用できるものです。

取り上げられている項目は、
(a) 総合面、運用と評価 (3 1. – 3 3.)
(b) 暴力の定義 (3 4.)
(c) 防止 (3 5.)
(d) 保護、支援とサバイバーの権利擁護 (3 6. – 3 7.)
(e) 捜査、起訴、判決 (3 8. – 3 11.)
(f) 民事裁判関連 (3 12.)、家族法関連 (3 13.)、難民法関連の課題 (3 14.)。

主な論点は以下のとおりです。

3章1. では、女性へのあらゆる形態の暴力を犯罪であると認定し、加害者を適切な形で起訴・処罰するだけでなく、暴力を防止し、サバイバーのエンパワーメントや支援・保護を包括した法整備の重要性を説きます。予防を強化する事例も増加しています。法律は、女性への暴力が性別にもとづく差別の一形態であり、女性への人権侵害であることを明記するよう勧告しています。

3章2. では、女性への暴力に取り組む法律を効果的に運用し、成果を評価し、モニタリング（履行監視）するための条文を、その法律に含めるよう

* 1…法整備状況の詳細は、以下のURLで女性への暴力に関連する国連事務総長のデータベースを参照のこと（最終アクセス日：2010年8月13日）。http://www.un.org/esa/vawdatabase
* 2…国連 (2006) 女性への暴力の根絶：言葉から行動へ (Ending Violence against Women: from words to action) 国連事務総長の研究 (A/61/122/Add.1 and Corr.1)。特にpp.96-97：国際人権条約締結機関の課題設定を参照のこと。
* 3…国連事務総長キャンペーン "UNiTE to End Violence against Women" の詳細は、以下のURLを参照のこと。http://endviolence.un.org/

勧告しています。この法律は総合的な国内行動計画や戦略と有機的に連携し、運用のための予算措置、法律が充分に有効に機能するための規則・法令などの整備、法律運用に関連する業務に携わるすべての公務員への研修などの義務づけや、女性への暴力に取り組む専門機関を設置して職員の配置を義務づけるよう勧告しています。

3章3. では、法律の運用をモニタリングすることの重要性を指摘しています。法律によって多分野が連携するプロジェクトチームや委員会を設置し、あるいは全国に報告者を配置してモニターするよう勧告しています。また、法律によって定期的な統計データ収集と調査研究を義務づけ、法の運用とモニタリングのための有効なデータベースを確保するよう勧告しています。

3章4. では、法律において、女性へのあらゆる形態の暴力を国際人権基準にのっとって広範囲に定義するよう呼びかけ、ドメスティック・バイオレンス(DV)および性暴力がどのように定義されるべきか、具体的な勧告をしています。

3章5. では、法律が優先課題として予防のために取り組むことを取り上げ、啓発キャンペーン、メディアの意識向上、女性への暴力や女性の人権についての教材を教育カリキュラムに導入するなど、目標達成のために一連の手段を提供しなくてはいけないと勧告しています。

3章6. では、被害者本人／サバイバーのエンパワーメントや支援・保護を含めた法律の必要性に焦点をあてます。サバイバーが包括的で統合された支援サービスと援助を受けられるよう規定した法律の制定を勧告しています。

3章7. では、暴力被害を受けた外国人女性の権利保障を明記した法律の制定を勧告しています。

3章8. では、女性への暴力を取り扱う警察官や検察官の義務を規定することの重要性を述べています。

3章9. では、司法手続き全般において、被害者本人／サバイバーへの二次被害を予防するための詳細な勧告が含まれています。本節は証拠に関連した規則、証拠の収集方法、司法手続き、そして裁判の過程での被害者本人／サバイバーの権利について取り上げています。

3章10.では、女性への暴力における保護命令の制定について、実質的なアドバイスを提供しています。また、保護命令違反を犯罪と認定するよう提唱しています。

3章11.では、女性への暴力事案についての量刑が、犯罪の深刻さに見合ったものとなるような法律の導入を提唱しています。例えば強姦犯が被害者と結婚するとか、いわゆる「名誉」犯罪の場合など、特定の状況において加害者に付与される減刑や刑の免除を廃止するよう勧告しています。

3章12.では、刑事訴追、民事保護命令、その他の司法救済の補完または代替手段として、民事訴訟の果たす貴重な役割に光を当てます。

3章13.では、家族法を見直し改正することで、家族法の司法手続きにおいて、女性への暴力に鋭敏かつ適正な配慮をするよう勧告しています。留意点として、離婚後の扶養料およびこれまでの住居に住み続ける権利を挙げています。

3章14.では、女性への暴力が迫害の構成要件となることがあり、被害者本人/サバイバーが難民法に規定される「特定の社会集団」の権利をもつことを認定しています。

法整備の法律モデルに関するパワーポイントを活用した解説と、2人の専門家によるビデオ対話によって、主要な勧告に焦点をあて、その実質的な意義についてコメントする。また、6カ国のハンドブックも以下の女性の地位向上部(DAW)のウェブサイトから入手可能。
http://www.un.org/womenwatch/daw/vaw/v-handbook.htm
　これらの資料の目的は、法整備の枠組みモデルを理解し活用しやすくするための方法を、利用者に提供することである。
　人身売買に特化した法規定に関しては、UNODCの開発した「人身売買を防止する法律モデル」(Model Law Against Trafficking in Persons)を参照のこと*4。

▍*4…以下のURLから入手可能:http://www.unodc.org/unodc/en/human-trafficking

メモ

この20年間において、女性への暴力は差別の一形態、女性の人権侵害として理解されるようになった。女性への暴力防止・法整備の義務は、国際的・地域的レベルの両方において包括的な法と政策のテーマとなっている。

国際的・地域的な法およびに政策について

2章

1. 国際的な法・政策文書と判決

❶ 国際人権規約

　国際人権規約のモニタリング(履行の監視)を目的に設けられた条約機関は、時の経過とともに、女性への暴力防止に取り組む国家の義務を取り上げるようになってきている。女性差別撤廃委員会は一般勧告第19号(1992年)の中で、「一般国際法および特定の人権条約のもと、国家は、権利の侵害を防止するために相当の注意をもって行動すること、または、暴力行為を調査し、刑罰を課すことを怠った場合には、私人による行為についても責任があり、補償を与える責任があるであろう[*1]」と確認している。国内での法的枠組みに関して、女性差別撤廃委員会は、締約国に対して以下のように勧告している。

- 締約国は、家族による暴力および虐待、レイプ、性的暴行およびその他のジェンダーにもとづく暴力に関する法律が、すべての女性を適切に保護し、女性の安全と尊厳を尊重するようにすべきである[*2]
- 締約国は、ジェンダーにもとづく暴力から女性に効果的な保護を与えるために、刑事的制裁、民事的救済および補償を含む、必要なあらゆる立法およびその他の措置をとるべきである[*3]

　委員会はまた、条約にもとづく締約国の報告に、女性への暴力を撲滅するためにとられた立法的措置と、その同措置の有効性についての情報を求めている[*4]。自由権規約委員会も同様に、締約国に対し、市民的および政治的権利に関する国際規約にもとづく報告において、「レイプを含む家庭内およびその他の形態の女性への暴力に関する国内法および慣行についての情報」を提供することを求めている[*5]。これらに従って、現在では、締約国が、人権条約機関に対して女性への暴力に関連した情報を提供す

ることが慣例となっている。

　締約国の報告の審査において、人権条約機関は締約国に、女性への暴力に刑罰を科す特定の法律または立法上の規定が欠けていること、そして暴力の結果女性をより弱い立場に追い込むような差別的法律を維持していることについて、懸念を表明してきた。人権条約機関はまた、現行法の適用範囲や対象を含む問題、そして女性への暴力に関する法律が効果的に活用されていないことについても懸念を表明している。さらに人権条約機関は、成文化された法律とならんで慣習法が広く用いられている国において、女性を暴力から保護する法律が施行されているにもかかわらず、差別的な慣習法および慣行が行われていることを懸念している。

　こうしたことから人権条約機関、特に女性差別撤廃委員会は、締約国に対して以下のことを確実なものにするよう求めている。

- 女性への暴力が、裁判で裁かれ処罰されること
- 暴力による女性の被害者に即時に救済および保護措置が与えられること
- 公務員、特に法執行官、裁判官、医療関係者、ソーシャルワーカーおよび教員が、法律を使いこなすことができるように精通し、女性への暴力に関する社会的背景を理解していること

　女性差別撤廃委員会はまた、女性へのあらゆる形態の差別の撤廃に関する条約の選択議定書にもとづく権限においても、女性への暴力防止に取り組む法律を制定し、その法律の履行を監視するという締約国の義務に言及している。女性A.T.がハンガリー国家を訴えたケース[6]において、委員会は、ハンガリーにDVおよびセクシュアル・ハラスメントに関する

*1…女性差別撤廃委員会、一般勧告第19号、女性への暴力について（1992年）9項
*2…女性差別撤廃委員会、上記、特定の勧告、24項（b）
*3…女性差別撤廃委員会、上記、特定の勧告、24項（t）
*4…女性差別撤廃委員会、上記、特定の勧告、24項（v）、女性差別撤廃委員会、一般勧告第12号（1989年）1項も参照
*5…自由権規約委員会、一般的意見28、第3条（両性の平等）について（2000年）
*6…A.T.対ハンガリー、通報2／2003、見解採択2005年1月26日、http://www2.ohchr.org/english/law/docs/Case2_2003.pdf参照

特定の法律が存在しないことが、人権と基本的自由の侵害、特に身体の安全に対する権利の侵害にあたると判断した。Sahide Goekce（故人）がオーストリア国を訴え[*7]、Fatma Yildirim（故人）がオーストリア国を訴えた[*8]ケースにおいては、委員会は「女性への暴力を相当の注意をもって防止し、それに対応するために行動し、そうしなかったことに対しては適切な制裁措置をとることによって、DV防止および関連する刑事法の実施および監視を強化すること[*9]」を勧告している。メキシコ・チワワ州シウダフアレスとその周辺において女性たちが誘拐され、レイプされ、そして殺害された事件の調査に関して、委員会はメキシコ政府に対し、選択議定書第8条にもとづいて、「女性への暴力が基本的人権の侵害であるとの見解を、すべての州および自治体機関に理解させること、そのような観点から本質的な法改正を行うこと[*10]」を勧告した。

❷ その他の人権条約

人権諸条約に加えて、女性への暴力については、締約国に立法措置の義務を規定している国際人権文書がある。その文書の中に、国際的な組織犯罪の防止に関する国際連合条約を補足する「人、特に女性および子どもの売買を防止し抑止しおよび処罰するための議定書」（パレルモ議定書）と国際刑事裁判所に関するローマ規程がある。

パレルモ議定書は締約国に対し、以下のように求めている。

- 国際的に行われた人身売買を犯罪とするため、必要な立法その他の措置をとること（第5条）
- 被害者に対し、関連する訴訟上および行政上の手続きに関する情報と、被害者の意見および懸念が犯人に対する刑事手続きの段階において表明され、および考慮されることを可能にするための援助を提供する措置を、自国の立法上または行政上の制度に含めることを確保すること（第6条）
- 被害者に対し、その者が被った損害の賠償を受けることを可能にするための措置を、自国の国内法制に含めることを確保すること（第6条）

- 人、特に女性および子どもへのあらゆる形態の搾取であり、人身売買の原因となる需要を抑制するために、立法その他の措置をとり、または強化すること（第9条）
- 適当な場合には、人身取引の被害者が一時的または恒久的に当該締約国の領域内に滞在することを認める立法やその他の措置をとることを考慮すること（第7条）

　ローマ規程は、現在のところ、国際刑事法のもとで、ジェンダーにもとづく暴力を犯罪として最も広く定義している。ローマ規程第7条は、「住民に対する広範なまたは組織的な攻撃の一部として」行われた「レイプ、性的奴隷、強制的性売買、強制妊娠、強制不妊、または同等の重大性を有するその他のあらゆる形態での性的暴力」を、人道に対する罪と規定している。第8条にも挙げられるこれらの犯罪は、国際的武力紛争に適用される法規および慣例の重大な違反、すなわち戦争犯罪であると規定されている。ローマ規程により確立された補完性の原則により、集団殺害や人道に対する罪や、戦争犯罪を犯した者を訴追する第一義的責任は締約国にある。ローマ規程前文は、「国際犯罪について責任を負う者に対して刑事管轄権を行使することがすべての国の責務である」と明記している。そのため、「すべての締約国とその他の国が、国際法に従って犯罪を定義づける現行法の改正や新たな立法措置をとることが必要[11]」であると述べている。

*7… Sahide Goekce（故人）対オーストリア、通報5／2005、見解採択2007年8月6日、http://daccessdds.un.org/doc/UNDOC/GEN/N07/495/43/PDF/N0749543.pdf?OpenElement参照
*8… Fatma Yildirim（故人）対オーストリア、通報6／2005、見解採択2007年8月6日、http://daccessdds.un.org/doc/UNDOC/GEN/N07/495/37/PDF/N0749537.pdf?OpenElement参照
*9… Sahide Goekce（故人）対オーストリア、上記、12.3項（a）およびFatma Yildirim（故人）対オーストリア、上記、12.3項（a）
*10… 女性差別撤廃条約選択議定書8条にもとづく女性差別撤廃委員会によるメキシコに関する報告とメキシコ政府の回答、CEDAW/C/2005/OP.8/MEXICO、286項、http://www.un.org/womenwatch/daw/cedaw/cedaw32/CEDAW-C-2005-OP.8-MEXICO-E.pdf参照
*11… アムネスティ・インターナショナル、International Criminal Court: Guidelines for Effective Implementation、下記URLより入手可能、http://www.amnesty.org/en/library/info/IOR40/013/2004/en/

❸ 国際的政策文書

　上述の国際人権条約や議定書は、女性へのあらゆる形態の暴力に関する法的枠組みを強化するために、政府やその他の全関係者がとるべき役割についての詳細なガイダンスを含んだ国際的レベルでの政策文書により補完される。これらの文書には、国連機関が採択した宣言や決議、国連の会議やサミット会議の成果文書がある。例えば、国連総会が1993年に採択した女性への暴力の撤廃に関する宣言*12第4条は、加盟国に対して、以下のように求めている。

- 女性への暴力を非難し、女性への暴力を撤廃するという国家の義務を回避する目的で、慣習、伝統または宗教を利用しないこと
- 被害者に対して引き起こされた不正を処罰し、被害者を救済するため、国内法において、刑事、民事、労働および行政上の制裁を発展させること
- 暴力を受けた女性には国内法により、公正で効果的な救済と司法手続きへの権利が与えられること
- ジェンダーに無関心な法、慣行またはその他の措置が原因となって、女性に二次被害が起きないようその安全を確保すること

　同様に、1995年に北京での第4回世界女性会議で採択された北京行動綱領*13も、各国政府に対して、以下のように求めている。

- 被害女性への不正を処罰し、被害者を救済するため、国内法において、刑事、民事、労働および行政上の制裁を制定し強化すること
- 暴力の予防と加害者の訴追に重点を置き、女性への暴力を根絶するために実効性のある法律を制定して実施する。あるいは法律を見直すこと
- 暴力の対象となった女性の保護、被害者への補償、賠償および治療を含む公正かつ効果的な救済へのアクセス、ならびに加害者のリハビリの

ための措置をとること

これらは、2000年に行われた、北京行動綱領の5年後の検討会議においても繰り返し述べられた[*14]。

近年、国連総会は、女性への暴力全般や、女性や少女の人身売買、女性や少女の健康に影響ある伝統や慣習、「名誉」の名において行われる女性への犯罪、DVなどの女性への暴力について発言を続けている[*15]。関連する決議において、総会は加盟国に対し、自国の法的枠組みを強化するよう繰り返し求めている[*16]。例えば、女性へのあらゆる形態の暴力を根絶するための法制度の強化に関する2006年12月の決議61/143は、女性へのあらゆる形態の暴力を処罰する必要性を強調し、国家に対して、女性を差別する、または女性にとって差別的影響のある、すべての法律や規制を改正または撤廃し、法制度の規定を国際人権法上の義務に沿ったものにすることを求めている。同テーマに関する2008年12月18日の決議63/155は、各国政府に対して、女性への暴力に関する法律や手続規則の影響を評価・判断し、女性へのあらゆる形態の暴力に関連する刑事上の法律や手続きを強化し、そして女性への暴力の防止を目的とした取り組みを法律に組み込むことにより、女性への暴力に関して加害者が刑事罰を逃れたり、暴力を許容したりする文化に終止符を打つよう、最善の実践を求めている。

---

* 12…国連総会決議48/104、1993年12月19日
* 13…第4回世界女性会議報告、中国・北京、1995年9月4～15日（国連図書．販売番号 E.96.IV.13)、124項
* 14…国連総会決議S-23/3、補遺、69項参照．
* 15…女性の地位委員会や人権委員会（現・人権理事会）、犯罪防止刑事司法委員会などの経済社会理事会の機能委員会も、女性への暴力に関する決議を定期的に採択している。
* 16…例えば、総会決議63/155、61/143、59/166、58/147や56/128参照

2. 地域的な法・政策文書と法的処置

いままでに述べた国際的な法・政策文書は、地域レベルのさまざまな法・政策文書の採択に引き継がれる。ベレン・ド・パラ条約として知られる女性への暴力の防止・処罰および根絶に関する南北アメリカ条約は、女性への暴力の根絶のみを目的とした唯一の条約である。この条約は、国家に対して、女性への暴力を極力注意して防止、調査や処罰をすることとし、国家の立法の義務に関して詳細に規定している。条約第7条は、締約国に対して、以下のような義務を課している。

- 加害者に対して、被害女性への嫌がらせ、威嚇または脅迫を行わないことを求める法的措置をとること
- 女性への暴力を維持または許容する現行法を改正する、または法的あるいは慣習的慣行を改めるため、法的措置を含むあらゆる適切な措置をとること
- 被害女性にとって公正で効果的な法的手続きを確立すること
- 被害女性にとって公正で効果的な救済へのアクセスを確保するよう、必要な法的および行政上の制度を確立すること

アフリカにおける女性の権利に関するアフリカ人権憲章選択議定書は、その多くの規定において女性への暴力にふれ、法的改革に関する義務を定めている。この議定書のもとに、締約国は以下のように求められている。

- 女性へのあらゆる形態の暴力を禁止する法律を制定し施行すること(第4条(2))
- 女性へのあらゆる形態の暴力を防止し、処罰し、そして撲滅することを確実に行うため、法的、行政上、社会的および経済的措置をとること(第4条(2))

- 有害な慣習を根絶するため、必要な法的、その他のあらゆる措置をとること（第5条）
- いかなる婚姻も両当事者の自由で完全な合意なしに行われず、また、女性の婚姻最低年齢が18歳であることを確実にするために国内法上の措置をとること（第6条）

　南アジアでは、南アジア地域協力連合（SAARC）が、性の売買を目的とした女性および子どもの人身売買（トラフィッキング）の防止および撲滅に関する条約を採択している。その第III条は、締約国に対して、締約国の刑事法において人身売買が犯罪とされ、適切な処罰が適用されることを確実にするため有効な措置をとることを課している。
　2008年2月、人身売買に対する取り組みに関する欧州評議会条約が発効した。この条約は、締約国に対して、人身売買とそれに関連する犯罪を処罰することを課している[1]。法律は、そのような犯罪を「実効的、適切かつ抑止的制裁[2]」により処罰するものでなければならない。条約はまた、締約国に対して、被害者が回復することを支援し、補償のための法的またはその他の措置をとることを課している[3]。
　欧州議会閣僚委員会勧告第5号（2002年）は、締約国に、暴力からの女性の保護に関する取り組みを義務づけている。この勧告は、締約国に対して以下のことを確実にするよう求めている。

- すべての暴力行為が処罰されること
- 加害者に対し、迅速かつ効果的に対処すること
- 被害者には、救済、補償および保護あるいは支援が与えられること

　地域的レベルにおける法・政策的文書に加えて、地域的人権条約にもとづいた、女性への暴力に関する判決も増加している。欧州人権裁判所および南北アメリカ人権委員会によるケースでは、それぞれの国家は、以下の

[1] 人身売買に対する取り組みに関する欧州評議会条約、第18〜20条
[2] 上記、第23条（1）
[3] 上記、第12条（1）および第15条

ように命じられている。

● 適切な刑事上の法律を制定すること
● 現行の法律および政策を見直し、改正すること
● 法律の施行状況を監視すること

　女性XおよびYがオランダ国家を訴えたケース*4において、欧州人権裁判所は、オランダが、精神障がいのある若い女性へのレイプについて適用可能な刑事上の法律を制定しなかったことにより、人権および基本的自由の保護のための条約第8条に違反したと判断した。女性差別を撤廃するための現行の法律および政策の見直しと改正の必要性については、強制不妊に関する事例、Maria Mamerita Mestanza Chavezがペルー国家を訴えたケース*5において、南北アメリカ人権委員会もふれている。女性MCがブルガリア国家を訴えたケース*6において、欧州人権裁判所は、法律の施行状況を監視することの重要性を強調した。同ケースでは、レイプを起訴したさいに、被害者の身体的抵抗が必要とされたことについて、レイプを禁止したブルガリア刑法の条文にはそのような要件が明記されてないことを指摘した。法律が適切に施行されているかどうかの重要性は、女性Maria de Penhaがブラジル国家を訴えたケース*7において、DVの調査に関して司法上の重大な遅れがあるのは人権に関する義務違反とした南北アメリカ人権委員会の見解によっても強調された。

* 4 … 女性Xおよび女性Yがオランダ国家を訴えたケース、欧州人権裁判所8978/80（1985年）、http://cmiskp.echr.coe.int/tkp197/view.asp?item=1&portal=hbkm&action=html&highlight=x%20%7C%20y%20%7C%20netherlands&sessionid=21406792&skin=hudoc-en参照
* 5 … Maria Mamerita Mestanza Chavez対ペルー、南北アメリカ人権委員会、申立12.191、報告番号71/03、2003年、http://www.cidh.oas.org/annualrep/2003eng/Peru.12191.htm参照
* 6 … 女性MCがブルガリア国家を訴えたケース、欧州人権裁判所、39272/98、2003年12月4日、http://cmiskp.echr.coe.int/tkp197/view.asp?item=1&portal=hbkm&action=html&highlight=Bevacqua%20%7C%20bulgaria&sessionid=21408082&skin=hudoc-en参照
* 7 … Maria de Penha対ブラジル、申立12.051、報告番号54/01、OEA/Ser.L/V/II.111 Doc. 20 rev. at 704（2000年）、http://www.cidh.oas.org/women/Brazil12.051.htm参照

3. 模範的法律と戦略

　立法措置も含めて、女性への暴力防止に取り組むという国家の義務が明確になるにつれ、全関係者の行動を促進し奨励するようなモデルとなる法律、戦略そして措置が発展してきた。1996年、女性への暴力・その原因と結果に関する国連特別報告者は、DVに関するモデルとなる立法のための枠組みを提示した*8。枠組みは国家に対して、特に以下のような立法を求めている。

- 暴力という行為、そしてDVが起きる被害者と加害者の関係について、可能な限り広い定義を含んでいること
- 暴力の通報制度、そして警察がDVにおけるすべての支援や保護要請に対して敏感に反応し、被害者にその法律上の権利を説明するなどの警察官の義務を含んでいること
- 保護命令を迅速に出す制度
- 刑法上と民法上の両方の手続きに言及していること
- 被害者に対しては支援サービス、加害者に対しては更生プログラム、警察官および司法官に対しては研修を実施すること

　1997年、国連総会は、犯罪防止と刑事司法分野における女性への暴力の根絶に関してモデル戦略と実践措置を採択した*9。該当部分は、加盟国に対し、以下のように求めている。

*8…女性への暴力・その原因と結果に関する国連特別報告者（1996年）、「模範的立法に関する枠組み」E/CN.4/1996/53/Add.2、女性への暴力・その原因と結果に関する国連特別報告者による「女性への暴力・その原因と結果に関する国連特別報告者の15年間（1994～2009年）―クリティカルレビュー」(2009年)も参照、レビューはhttp://www2.ohchr.org/english/issues/women/rapporteur/docs/15YearReviewofVAWMandate.pdfより入手可能

*9…総会決議52/86補遺、女性への暴力を根絶するための犯罪防止と刑事司法における取り組み

- 女性への暴力に関するあらゆる行為が禁止されるよう、法律を改正すること
- 起訴に関する第一義的責任は検察機関にある。女性への暴力のさいには警察が家屋に立ち入って加害者を逮捕し、被害者が安心して証言できるようにし、また司法手続きにおいては暴力に関する過去の証拠が考慮され、裁判所が被害者の保護および加害者の行動制限の命令を発令することを確実に行うように、刑事手続きを改正すること
- 警察が暴力行為を止め、被害者の安全のために必要なことを確実に行うこと
- 警察は加害者に対して、犯罪にあたることを宣告し、被害者の安全を確保すること。女性への暴力の加害者をその他の暴力犯罪の加害者と同様に扱うこと
- 刑事手続き前、最中および以後において、被害者および証人の安全が守られるよう措置をとること
- 警察官や司法官に研修を実施すること

女性への暴力に関する取り組みは以下の団体などによって先進的に行われた。1991年にカリブ共同体諸国連合（CARICOM）事務局[10]、2004年に南北アメリカ女性委員会（CIMI/OAS）、国連人口基金（UNFPA）、国連女性開発基金（UNIFEM）、地域的非政府組織との連携のもとに世界保健機関（WHO）の地域事務局である汎米保健機構[11]（PAHO）、オーストラリアなどのさまざまな国々[12]、アメリカ合衆国の全米少年・家庭裁判官協会やその他の団体[13]。

[10]…http://www.caricom.org/jsp/secretariat/legal_instruments/model_legislation_women_issues.jspより入手可能

[11]…http://www.paho.org/Spanish/DPM/GPP/GH/LeyModelo.htmより入手可能．

[12]…DVに対するパートナーシップ（1999年）、DVに関するモデル法レポート、http://www.ag.gov.au/www/agd/agd.nsf/Page/Publications_Modeldomesticviolencelaws-report-April1999より入手可能

[13]…コンラッド・N・ヒルトン基金家庭内専門委員会、暴力に関するモデルコード・プロジェクト（1994年）、家庭内および家族内暴力に関するモデルコード、http://www.ncjfcj.org/images/stories/dept/fvd/pdf/modecode_fin_printable.pdfより入手可能

女性への暴力防止についての法律モデル

3章

1. 人権にもとづく、包括的アプローチ

❶ ジェンダーにもとづく差別としての女性への暴力

法律モデル:
- 女性への暴力は女性差別の一形態であり、歴史的な男女間の不平等な力関係の現れであり、女性への人権の侵害である
- 男女の平等にもとづき、婚姻関係の有無にかかわらず、女性の政治的・経済的・社会的・文化的・その他の分野での、人権および基本的自由の承認、享受または行使を損なう、あるいは無効にする、または人権や自由を損なう目的の、性別にもとづくすべての区別、排除、または制限を、女性差別と定義する
- いかなる慣習、伝統または宗教的見解も、女性への暴力を正当化する目的で用いてはならない

解説

この20年間で、女性への暴力は、女性の人権の侵害であり、ジェンダーにもとづく差別の一形態であると理解されるようになった。女性への暴力に関する法律は、女性への暴力の撤廃に関する国連総会宣言（1993年決議48/104）、女性へのあらゆる形態の差別の撤廃に関する条約の第1条、そして女性差別撤廃委員会の一般勧告第12号（1989年）と第19号（1992年）に従うものでなければならない。

女性への暴力を差別の一形態、人権侵害として明示するさまざまな法律が制定されてきた。そのような法律には、明確に国際的および地域的な人権文書に言及するものもある。

例えば、コスタリカの「女性への暴力の処罰に関する法律」（2007年）の第1条は、「本法は、1984年10月2日の法律6968号に定められた女性へのあらゆる形態の暴力の根絶に関する条約、および、1995年5月2日の法律

7499号に定められた女性への暴力の防止・処罰および根絶に関する南北アメリカ条約にもとづく国家の義務に従い、とくに婚姻関係の有無、または公表しているかどうかにかかわらない事実婚において、ジェンダーにもとづいた身体的、心理的、性的および財産上の暴力から被害者の権利を守り、そのような形態の暴力を処罰することを目的とする」と定めている。このコスタリカの法律が定める「財産上の暴力」は、女性の財産所有や相続の制限や否定を意味する。

グアテマラの「女性殺害および女性へのその他の暴力に関する法律」（2008年）の第9条は、「いかなる慣習、伝統、文化また宗教も、女性への暴力を正当化するために、また、そのような暴力の加害者を免罪するために引き合いにされない」と定めている。

❷ 総合的な法的アプローチ

法律モデル：
- 女性へのあらゆる形態の暴力を犯罪とし、防止、保護、被害者のエンパワーメント、健康上・経済的・社会的・心理的な支援、および被害者救済に役立つものであり、加害者の適切な処罰を含み、包括的かつ多角的であること

解説

現在、女性への暴力に関する多くの法律が、処罰に主な重点を置いている。民法、刑法、行政法そして憲法を含むさまざまな分野の法律を有効に活用し、暴力の防止および被害者の保護と支援とに取り組むには、こうしたアプローチには限界があり、それを超えた法律が必要である。

例えば、スペインの「ジェンダーにもとづく暴力への総合的保護措置に関する基本法」（2004年）は、啓発、防止、発見および暴力の被害者の権利について規定し、女性への暴力に取り組む特別の機関を設け、刑事法による規制を導入し、被害者に対しては司法上の保護を設けている。女性への暴力に取り組むにあたって、法律は多角的アプローチをとることが重要である。

1998年の「Kvinnofrid（女性の安全）」規定により導入されたスウェーデンの女性への暴力に関する改正刑法では、警察、社会福祉および医療提供者間の協力の重要性が強調された。

❸ 法律の平等な適用と、複合的な差別への対応措置

法律モデル：
- 人種、肌の色、言語、宗教、またはその他の政治的、民族的または社会的出自、財産、婚姻の有無、性指向、HIV/AIDS感染の有無、移民または難民であるかどうか、年齢または障がいなどによって、差別することなく、すべての女性を保護する
- 暴力に関する女性の経験が、人種、肌の色、言語、宗教、政治やその他の信条、民族的または社会的出自、財産、婚姻の有無、性指向、HIV/AIDS感染の有無、移民または難民であるかどうか、年齢や障がいの有無などによって異なることを認め、必要な場合には、特定の女性集団を対象とした措置を定める

解説

　女性への暴力に関する法律は、時として、特定の集団の女性を排除する規定を含んでおり、司法制度により差別的に適用されてきた。例えば2004年に行われたトルコ刑法の改正では、「非婚もしくは性交経験のある女性への暴力に対して、より軽い刑を課す、あるいはまったく処罰しない」としていた規定を削除し、現在では、法律はすべての女性を平等に保護することを規定している。

　暴力や司法制度に関する女性の経験は、さらに、その女性の人種、肌の色、言語、宗教、政治やその他の信条、民族的または社会的出自、財産、婚姻の有無、性指向、HIV/AIDS感染の有無、移民または難民であるかどうか、年齢または障がいの有無などによって異なっている。多くの社会において、特定の民族または人種に属する女性は、ジェンダーにもとづく暴力とその女性の民族的または人種的アイデンティティにもとづく暴力の両方を経験する。必要な場合には、複合的な差別による暴力被害を訴える女

性への適切な対応や配慮のある法律、または副次的立法で特定の規定を設けることが重要である。

アメリカ合衆国の「部族法および規定案」(2008年)の第6章が採択されれば、先住民族女性へのDVや性的暴行の提訴および防止に関する規定が成立することになる。

❹ ジェンダーに配慮した法律

法律モデル:
● ジェンダーを無視してはならない

解説

ジェンダーへの配慮には、男女間の不平等と同様に、男性と女性それぞれの特定のニーズを認めることが含まれる。女性への暴力について性別に配慮するとは、暴力に関する男女の経験が異なること、そして、女性への暴力が男女間の力関係の歴史的不平等の現れであり、女性差別であることを認めることである。

暴力に関する法整備についてのジェンダーへの配慮のあり方については、長く議論が行われている。性別に配慮した法整備は、女性への暴力を性別にもとづく差別の一形態であると認め、被害者／サバイバーの特定のニーズにも言及するもので、とくにラテンアメリカでは重要視されている。しかし、女性への暴力という特定の法律は、男性や少年への暴力の訴追を認めるものではないことから、憲法違反として異議が申し立てられる国があるかも知れない。男女両方に適用可能な、ジェンダーに中立的な法律を制定した国もある。しかし、そのような法律は、暴力の加害者に悪用される恐れがある。例えば、暴力のサバイバーである女性が、子どもを暴力から保護できなかったことで訴追されてしまう国もある。性別に中立的な法律は、女性への暴力の経験を特別に反映したり言及したりしないことから、(主に女性の)被害者／サバイバーの権利よりも、家庭の安定を優先しがちである。

男性や少年への暴力の訴追を可能にするとともに、被害者／サバイ

バーの特定の経験やニーズを反映した、ジェンダーに中立的であり、かつ特定の性別についての規定をも持つ法律も存在する。

例えば、1998年に「Kvinnofrid（女性の安全）」規定により改正されたスウェーデン刑法第4章4条は、加害者が、現在または過去に親しい関係にあった個人に身体的・性的暴力などの暴力を繰り返し加えた場合の「人格的統合性（インテグリティ）への重大な侵害」という中立的規定と、同様の行為が男性から女性にむけて行われた場合には「女性の人格的統合性への重大な侵害となる」という、性別を特定した規定を設けている。

オーストリアの「刑事手続法」は2006年から、被害者への二次被害を防ぐため、刑事司法手続きにおいて、被害者／サバイバーに特定の手続きや権利を認めている。

❺ 慣習法・宗教法と司法制度の関係

法律モデル：
- 慣習法・宗教法と司法制度が矛盾する場合は、被害者の人権の観点に立ち、男女平等の基準に従って問題解決する
- 事件の手続きが慣習法・宗教法のもとで行われる場合でも、司法制度の手続きを無視することはできない

解説
　いまなお多くの国では、女性への暴力が、被害者／サバイバー本人ではなく、家族やコミュニティに対する「補償」規定や、許しの儀式などの慣習法・宗教法による手続きや決まりによって処理されている。これらの法の適用では、サバイバーの回復や救済が重要視されておらず、問題があることが知られている。また、多くの事例において、慣習法・宗教法は、サバイバーが司法制度に救済を求めようとするのを妨げてきた。一方では、地域や言語、裁判手続きの進め方については、暴力の被害女性にとってより活用しやすい「女性裁判所」などの略式司法制度も有益であることが知られている。

　そのため、慣習法・宗教法と司法制度の関係性を明確にし、サバイバー

の権利が人権と男女平等の基準に従って実現されるように、成文化することが重要である。

　性的暴力やDVを含む犯罪のサバイバーに対して、加害者が補償することを定めた1991年のパプアニューギニアの「刑事（補償）法」は、慣習法を司法制度に組み込んだ興味深い例である。罪の行為に対する補償の要求はパプアニューギニアの慣習法に共通する特徴であり、補償に関するこの法律は、「報復」犯罪の発生を抑制する目的で制定された。

❻ 矛盾する法律の修正・改正

法律モデル:
● 女性の人権尊重および男女平等と、女性への暴力の根絶を促進する首尾一貫した法的枠組みを確保するために、女性への暴力に関する法律と矛盾した家族法や離婚法、財産法、住居に関する法令、社会保障法、雇用法などの他の分野の法律を改廃する

解説
　女性への暴力防止に関する新たな法律が十分に効果的であるために、女性の人権尊重と女性への暴力の防止策を確実にするように、関連するすべての法律を改正すべきである。

　例えば、スペインの「ジェンダーにもとづく暴力への総合的保護措置に関する基本法」(2004年)の制定にあたっては、法律間に矛盾がないよう、労働者法、社会犯罪処罰法、一般社会保障法、国家予算法追加規定、民法、刑法、民事手続法、刑事手続法、無償法律支援に関する法律、教育の権利を規定する基本法、一般広告法など他の法律の改正が行われた。

　アメリカ合衆国では、「個人責任と就労機会調停法」(1996年)の中に、DVのサバイバーに対して、公的給付金の特別受給資格が設けられた。保健社会福祉省が1999年4月、実施に関して通達を出した。

2. 履行

❶ 国内行動計画または戦略

法律モデル:
- 女性への暴力に関して国の行動計画や戦略が定められていない場合、法律の実施を目的とした包括的で整合性あるアプローチのために、目標（ベンチマーク）および指針（インディケーター）を含む一連の行動計画の策定を義務づける
- 国内計画や戦略が定められている場合、その計画を、包括的で整合性ある法律を実施するための枠組みとして位置づける

解説

法律が効果的に施行されるためには、国内計画や戦略を含む総合的政策枠組みの策定が必要である。ウルグアイの「DVの防止・早期発見・監視および根絶に関する法律」(2002年)は、DVに関する国内計画の策定を定めている。

ケニアの「性犯罪法」(2006年)第46条は、法律の履行・管理を実施し、最低でも5年ごとに政策を見直すため、関係大臣に対して政策モデルの策定を求めている。

メキシコの「暴力のない生活への女性のアクセスに関する法律」(2007年)は、国内開発計画において女性への暴力に取り組む方策と政策を定めることを優先課題と位置づけ、政府に対して、女性への暴力に関する防止・対処・制裁・根絶のための国内計画の策定と実施を義務づけている。

❷ 予算

法律モデル:

> - 以下のように、法律の実施のための予算措置を定める
>   - ◆ 関連する取り組みの実施に向けた十分な予算確保を、政府の全面的義務として定める
>   - ◆ 検察の特別部局の設置など、特定の取り組みに対する予算措置を求める
>   - ◆ 法律の実施に関連する取り組みについて、非政府組織に特別予算を措置する

解説

　法律は、十分な予算なしには実効的に履行することができない。そのため、多くの女性への暴力に関する法律に、法律実施のための予算措置を求める規定が含まれるようになっている。

　例えば、メキシコの「暴力のない生活への女性のアクセスに関する法律」(2007年)は、政府と自治体に対して、暴力のない生活への女性の権利を確保するため、財政上、行政上の措置をとることを義務づけている。

　アメリカ合衆国では、「女性への暴力防止法」(1994年)と同法の再根拠規定が、女性への暴力に取り組む非政府組織への予算配分を明記している。法律に規定されたすべての取り組みが実行されるための、必要な予算の中味を余すところなく分析し、それにもとづいた予算が措置されることが重要である。

❸ 公務員の研修と対応の強化

> **法律モデル:**
> - 女性への暴力に関する定期的で組織的なジェンダー啓発研修および対応力の強化策を公務員向けに実施することを規定する
> - 新たな法律が制定された場合、関係する公務員が新たな義務を知り、確実に実施できるように、特定の訓練および対応力の強化策を実施する
> - 上記のような研修および対応力の強化を、被害者／サバイバー、支援する非政府組織やサービス提供者と協議・検討したうえで、実施

する

解説

　女性への暴力に関する法律の実施にあたっては、警察官、検察官、裁判官をはじめとする担当者たちが、その法律を十分に理解し、ジェンダーに配慮しつつ適切に実施するよう保証することが不可欠である。法律の実施に携わる公務員がその内容についての研修を十分に受けていなければ、法律が効果的で平等に実施されない危険性がある。特別な公務員研修の実施や、研修の公式カリキュラムの中に女性への暴力に関する対応力の強化策を含めようと、多くの努力が行われている。このような研修や対応力の強化策は、それが法律に規定され、非政府組織との緊密な連携のもとで検討された時に、最も効果的で厳格に実行されることが知られている。

　スペインの「ジェンダーにもとづく暴力への総合的保護措置に関する基本法」(2004年)第47条は、政府と裁判所に対して、裁判官・下級判事や司法官・検察官・裁判所事務官・国内法執行官・保安官や警護官・検死官への研修の中で、両性の平等・性別を理由とした差別の禁止や女性への暴力の問題に関する内容が確実に行われるよう求めている。

　アルバニアの「家族関係における暴力に対する措置法」(2006年)第7条は、内務省に対して、DV事件を扱う警察官への研修実施を義務づけ、法医学専門家へのDVや子ども虐待に関する研修と、執行官補佐人に対する保護命令に関する支援についての研修を法務省の責任とした。

　フィリピンの「女性とその子どもに対する暴力禁止法」(2004年)第42条は、女性とその子どもへの暴力に関係するすべての機関に対して、a) 女性と子どもへの暴力の性質および原因、b) 被害者／サバイバーの法的権利および救済策、c) 利用可能なサービス、d) 逮捕および保護・支援提供に関する警察官の法的義務、e) 女性と子どもへの暴力事件を扱う際の技法について教育・研修を受けることを求めている。

　オランダでは、「保護命令に関する法案」が可決されれば、警察官への研修が義務づけられることになる。

❹ 専門の警察・検察部門

法律モデル:
- 女性への暴力に関する警察と検察の専門部門を設置または強化し、その任務の遂行とスタッフの特別研修に対して十分な予算を配分する
- 被害者／サバイバーに対して、希望すれば女性の警察官や検察官を選ぶことができる選択肢を提供する

解説

　警察当局と検察は、特に女性への暴力行為の捜査や証拠の保存、起訴状の発行に関して、暴力の加害者への処罰を確実にする上で非常に重要な役割を担っている。警察や検察の仕事の質が、裁判所での手続きの実施や加害者の処罰が行われるかどうかを左右する。しかし多くの国において、女性への暴力行為が綿密に捜査されなかったり、詳細に記録されなかったりしている。DVが犯罪ではなく私的な問題として捉えられ、性暴力被害の申立てが疑いをもって扱われ続けている。

　女性への暴力を取り扱うのは専門部門のほうが配慮があり、有効である。これまでの経験から、専門部門を設置し、女性への暴力に関する専門性を確立することによって、事件捜査件数が増加し、被害者にとって質の高い効率的な援助に結びつくことが知られている。しかし、そのような部門の設立が、女性の問題を周辺に追いやることになった国もある。そうならないためには、専門部門の設置に十分な予算措置をし職員研修を行うことが重要である。

　イタリアでは、女性への性暴力の被害届に適切に対応するため、多くの警察署に特別捜査部門が置かれている。

　ジャマイカでは、警察内部に、暴力被害を訴える女性／サバイバーが性暴力や子どもの虐待事件を届け出しやすい環境をつくり、暴力事件を効率よく捜査し、カウンセリングや治療を提供することを目的とした性犯罪部門が設けられている。

　南アフリカの法務省による「性犯罪に関する検察官のための国内ガイド

ライン」(1998年)には、「この種の事件においては、専門性ある検察官が適任である」と書かれている。

❺ 専門裁判所

法律モデル：
- 女性への暴力事件に迅速かつ効果的に対応することを保証する専門裁判所または特別裁判手続きを規定する
- 専門裁判所にかかわる職員の特別研修、また職員のストレスや疲労を軽減するための措置を規定する

解説

　被害者／サバイバーと通常の裁判所の職員とのやりとりの経験から、裁判所職員がしばしば、必要なジェンダーに関する知識や、女性への暴力に適用されるさまざまな法律についての総合的な理解、女性の人権への配慮がなかったり、他の事案が重荷になったりしており、それらが結果として手続きの遅れや、被害者の裁判費用の増加を招くことが知られている。ブラジルやスペイン、ウルグアイ、ヴェネズエラ、イギリスといった国々やアメリカ合衆国のいくつかの州には、専門裁判所がある。専門裁判所では、職員が女性への暴力について精通し、性別に配慮しているため、多くの場合に効果的であり、女性への暴力事案の手続きを促進している。

　スペインの「ジェンダーにもとづく暴力への総合的保護措置に関する基本法」(2004年)第5章や、ブラジルの「マリア・ダ・ペニャ法」(2006年)第14条が設置する専門裁判所は、離婚や子どもの親権、刑事手続きをはじめとするDVに関連する事案の法的な側面を扱う。専門裁判所は、裁判手続きの合理化と集中化により、互いに矛盾する判断を下さなくなったり、被害者の安全性を高めたり、それらの女性が繰り返し証言する必要性を減らしたりすることができる。

　しかし、被害者自身が裁判所での手続きを自分で決める力をもち、本人がまだ裁判の準備ができていないと感じる場合には、離婚や別居などを強制されないよう保証することが重要である。スペインでの経験から、専

門裁判所での手続きが、時には被害者にとってあまりに速く行われ、結果として、手続きから身を引いてしまう女性がいることが知られている。専門裁判所において、関連する分野のあらゆる専門家が配置されていることも重要である。

南アフリカでレイプ対策戦略の一部として設置された性犯罪裁判所には、検察官・ソーシャルワーカー・捜査官・治安判事・医療関係者や警察官が配置されている。

❻ 実施要綱・ガイドライン・基準・規則

法律モデル：
- 関係大臣に対して、警察・検察・裁判官・医療分野・教育分野との協力のもと、法律の総合的で迅速な実施に向けて、標準的なやり方を含む規則・実施要綱・ガイドライン・方針・通達・指針の策定を求める
- そのような規則・ガイドライン・基準となる指針について、法律の施行から数カ月以内の策定を定める

解説

規則・実施要綱・基準となる指針の策定がなくては、法律は総合的に実施されず、職員研修も実りある成果に結びつかない。

南アフリカの「刑事法(性犯罪および関連事項)改正法」(2007年)第66条および67条には、国内における命令・指令・規則の策定のための詳細な手続きが規定されている。

ケニアの性犯罪法(2006年)第47条には、規則の公布が規定されている。

グルジアの「DVの撤廃・防止および被害者に対する支援に関する法律」第21条(3)では、内務大臣に対して、法律の公布から1カ月以内に、警察による緊急保護命令の手続きに必要な標準形式の策定および承認が求められている。

ブルガリアの「DV被害者の保護に関する法律」(2005年)は、内務相、法務相、保健相および関連大臣に対して、法律の施行から6カ月以内にDV防止・保護プログラムを策定することを求めている。

❼ 施行についての時間制限

法律モデル:
- 法律の成立から施行までの期間に関する制限を設ける

解説

これまで、法律の制定から施行までに長期間の遅れが生じるということが見られた。対策として、法律とその関連する規定の施行について、条文で明確な日付を定めた国もある。例えば、南アフリカの「刑事法(性犯罪および関連事項)改正法」(2007年)第72条は、同法の大部分の規定が2007年12月16日、同法第5章と6章がそれぞれ2008年3月21日と2008年6月16日に施行すべきものと定めている。

❽ 関連機関による法令違反に対する罰則

法律モデル:
- 法律違反を犯した関連機関への有効な処罰を規定する

解説

女性への暴力に関する法律の実施を義務づけられた公務員がその義務を完全に果たすためには、法律の中に法律違反の処罰規定が必要である。

コスタリカの「女性への暴力の処罰に関する法律」(2007年)は、女性への暴力に関わる公務員は「被害女性の人権を尊重しつつ、迅速かつ効果的に行動しなければならない」とし、違反した場合には、職務怠慢で処罰される可能性があると規定している。

ヴェネズエラの「女性と家族への暴力に関する法律」(1998年)の第22条、23条および24条は、定められた期間内に適切な行動をとらなかった職場・学校およびその他の関係機関の担当者や医療関係者、司法制度関係者の処罰を規定している。

3. モニタリング（履行の監視）と評価

❶ 履行を監視する特定の組織制度

法律モデル：
- 法律をモニタリングするために特定の機関を設置し、議会への定期的報告を規定していること。そのような機関は、以下のような機能を持つべきである
  - 情報収集と分析
  - 被害者／サバイバー、活動家、弁護士、警察、検察、裁判官、保護観察官、支援者などに対して、特定の集団に属する女性が直面する苦境の聞きとりや、被害者／サバイバーにとって法制度が活用しやすいか、救済策が役に立っているかに関するインタビューをする
  - 必要に応じた法改正の提言
- この機関への十分な予算措置を規定する

解説

　法律が効果的に施行され、なおかつ想定外の逆効果をおこさせないようにするためには、慎重で定期的なモニタリングが重要である。法律をモニタリングすることにより、その法律の権限や実効性についての問題点、裁判官、検察官、弁護士やその他の関係者への研修の必要性、理解ある対応の欠如、被害者への法律による想定外の影響など、法改正の必要な分野が明らかになる。法律に関する現場での経験が確実に評価に反映されるためには、非政府組織が協力し、被害者／サバイバー、支援者の関与のもとで政府によりモニタリングが実施される場合に最も有効となる。

　ホンジュラスでは、「DVに関する法律」(1997年) に従って、政府と市民社会のメンバーで構成される「DVに対する法律モニタリングのための特

別組織間委員会」が設置された。2004年、委員会は、保護命令やDV再犯事例の処罰に関する規定の拡大を含む法改正を提案した。議会はこの改正案を承認し、2006年に施行した。

スペインの「ジェンダーにもとづく暴力への総合的保護措置に関する基本法」(2004年)は、2つの組織の設置を規定している。その1つ、「女性への暴力に関する政府特別諮問委員会」は、ジェンダーにもとづく暴力への取り組みに関する政策を提言し、国家行動計画やキャンペーンをとおして一般に対する啓発を行い、さまざまな関係者間の取り組みを調整し、データを収集し研究することを委ねられている。政府特別諮問委員会の委員長は、女性の権利を保護する目的で裁判手続きに介入することができる。もう1つの機関、「女性への暴力に関する政府監視委員会」は、政府への年次報告と助言を委ねられている。そのうえで、政府は、他の領域の関係者と連携して法施行から3年後に法律の実効性を評価する報告書を作成し、国会に提出しなければならない。

フィリピンの「女性とその子どもに対する暴力禁止法」(2004年)第39条は、女性への暴力に関する取り組みの実効性をモニタリングし、そのような暴力を根絶するためのプログラムやプロジェクトを展開するための「女性と子どもへの暴力に関する省庁間委員会」を設置している。

ウルグアイの「DVの防止・早期発見・監視および根絶に関する法律」(2002年)は、被害者／サバイバーのニーズに対する総合的アプローチを促進するための「DVに取り組む政府協議会」の設置を規定している。

インドネシアでは、大統領令第181/1998により、女性の人権の実現を促進し、インドネシアにおける女性への暴力を根絶することを任務とする「女性への暴力に関する国内委員会」(コムナス・プルンプアン)が設置されている。

ナイジェリアでは、「暴力禁止法案」が可決されれば、同法が実際にどう機能しているのかについてのモニタリングや、法改正が必要かどうかを助言する「女性への暴力に関する国内委員会」が設置されることになる。

❷ 統計データの収集

法律モデル：
- 女性へのあらゆる形態の暴力についての原因・影響・頻度や、女性への暴力を防止・処罰・根絶するための方策、および被害者／サバイバーへの保護および支援のための方策の実効性について、統計データの収集を定期的に行う
- 統計データを性・人種・年齢・民族、およびその他の属性別にとる

解説

　法律の実効性のモニタリング（履行監視）には、統計データの収集が重要である。調査には、加害者の再犯の有無やいつ再犯が起きるのか、再犯の被害者が以前と同じかまたは異なるのかどうかに関するデータが盛り込まれるべきである。法整備の進展を促すため、女性へのあらゆる形態の暴力に関する情報蓄積が緊急に必要とされている。可能なところにおいては、統計データを収集するため、国の統計局を引き込むことも重要である。

　データ収集を法律で定めることにより、より多くのデータの必要性に対応してきた国もある。

　イタリアの「金融法」(2007年)は、「女性への暴力に関する監視機関」を設置し、同機関に対して3年間、毎年300万ユーロの予算を配分している。

　グアテマラの「女性殺害および女性へのその他の暴力に関する法律」(2008年)は、国立統計局に対して、女性への暴力に関するデータの収集と指標の開発を義務づけている。

　アルバニアの「家族関係における暴力に対する措置法」(2006年)は、労働社会問題機会均等省に対して、DVに関する統計データの保持を定めている。

　ポーランドの「DVに関する法律」(2005年)の第7および8条は、社会問題省に対して、DVに関する調査・分析を指揮し、予算を配分するよう求めている。

　メキシコの「暴力のない生活への女性のアクセスに関する法律」(2007

年)は、保護命令やその対象となった者に関するものも含めて、女性への暴力に関する事例のデータバンクを国が創設することを定めている。

　アルメニアでは、DVに関する法案が成立すれば、統計データの収集、調査の実施、カウンセリングセンターやシェルターのモニタリングと財政支援が、政府に求められることになる。

4. 定義

❶ 女性への暴力の形態を定義する

法律モデル:
- 下記を含む女性へのあらゆる形態の暴力に適用する
  - DV
  - 性的暴行やセクシュアル・ハラスメントを含む性的暴力
  - 子どもへの結婚の強制、成人女性への強制結婚、女性性器切除、女性乳幼児殺害、親による出生前の性別選択と女の胎児の中絶、処女検査、HIV/AIDS感染者・患者への「浄化」と称する迫害、いわゆる「名誉」犯罪、顔面への硫酸攻撃、花嫁購入の資金・持参金に関係する犯罪、配偶者と死別した女性への虐待、強制妊娠、魔女裁判を含む有害な慣行
  - 女性殺害
  - 人身売買
  - 性奴隷
- 下記を含む、特定の加害者により、特定の状況で加えられた女性への暴力を対象とする
  - 家庭内での女性への暴力
  - コミュニティでの女性への暴力
  - 紛争下での女性への暴力
  - 警察が身柄拘留中の女性への暴力や治安部隊による女性への暴力を含む、国家が黙認する暴力

解説

　女性への暴力の形態や現れかたは、その社会的・経済的・文化的および政治的文脈によりそれぞれ異なる。しかし、女性への暴力に関する法律

は、主として、親密なパートナー間の暴力を対象としてきた。

バングラデシュの「酸を使用した暴力の防止法」(2002年)や「酸規制法」(2002年)、インドの「持参金殺人」を処罰する刑法第304B条、ベニン共和国の「女性性器切除の慣行の抑制に関する法律」(2003年第3号)のように、女性への暴力を規定する特定の法律を成立させた国がある。さまざまな形態の暴力を規定する法律を定めた国もある。

例えば、メキシコの「暴力のない生活への女性のアクセスに関する法律」(2007年)は、家庭、職場、教育機関、コミュニティ、国の機関における暴力の形態と、女性殺害を規定している。女性殺害は、殺害という究極の形態の暴力であり、拷問、身体損壊、残虐行為、性的暴力を含むことがある。

さまざまな形態の暴力が、別々の法律または1つの法律中に規定されているかどうかにかかわらず、暴力の防止や、被害者／サバイバーの保護と支援、加害者の処罰のための措置と、法律の徹底的な実施および評価を確実にする措置を含む包括的な法的枠組みが、あらゆる形態に適用可能であるべきである。

❷ DVを定義する
〈1〉DVの形態に関する包括的定義

> **法律モデル:**
> ● 身体的・性的・心理的および経済的暴力を含む、包括的なDVの定義を規定する

解説

DVに関する法律は、身体的暴力に限定して規定する傾向があった。しかし、DVの性質に関するより深い理解がされるようになるにつれ、身体的・性的・感情的・心理的・遺産上の・財産上の・経済的暴力のうちのいくつかまたはすべての形態を含む定義を採用しようと、法律を新たに制定したり、改正したりした国々がある。

例えば、インドの「DVからの女性の保護法」(2005年)第2章には、身体的・

性的・言語による・感情的および経済的暴力が盛り込まれており、ブラジルの「マリア・ダ・ペニャ法」(2006年)は、「女性へのDVおよび家族間暴力は、ジェンダーにもとづき、女性に対して死、怪我、身体的・性的または心理的苦痛、道徳上または財産上の損害を引き起こすあらゆる行為または不作為と定義される」と規定している。

しかし、実際には、心理的および経済的暴力をDVの定義に含めるにあたっては、問題がある場合もある。暴力的な加害者が、パートナーから心理的暴力を受けたと主張し、保護命令を申請することで規定を悪用しようとする場合があることが知られている。また、多くの女性は、自分へのいわゆる心理的または経済的暴力に対して、司法制度による断固たる対応を期待していないかも知れない。これに加えて、心理的暴力はその証明が非常に難しい。そのため、心理的または経済的暴力を含むいかなるDVの定義も、ジェンダーに配慮した、適切な方法で実施されることが必要不可欠である。ある行為が暴力を構成するかどうかの決定にあたっては、心理学者やカウンセラー、被害者／サバイバーの支援者、研究者などの関連する有識者の専門的知識が活用されるべきである。

〈2〉法律により保護される人の範囲

法律モデル:
最低でも、以下の範囲に適用される
● 婚姻・未婚、同棲間、同居していない関係を含む親しい関係に現在ある、またはこれまでにあった個人、互いに家族関係にある個人、同一世帯のメンバー

解説

　DVに関する法律はしばしば、とくに婚姻したカップルなどの親しい関係にある個人にのみ適用されてきた。時間の経過とともに、婚姻していない親密なパートナー間や同棲関係にある個人、家族関係にある個人や家事労働者を含む同一世帯のメンバーなど、DVを訴える他の女性やサバイバー女性を含める方向に法律は拡大してきた。

スペインの「ジェンダーにもとづく暴力への総合的保護措置に関する基本法」(2004年)は、法律の適用対象を、配偶者や元配偶者、非婚関係、非同棲関係、恋愛および性的関係、先祖、子孫、血縁関係にある個人、同一世帯の個人、保護や監督下にある未成年や障がいのある個人などの家族や同一世帯のメンバーを含む関係と幅広く定義している。

　ブラジルの「マリア・ダ・ペニャ法」(2006年)第5条は、DVを「家族単位」またはあらゆる親密な関係における暴力と規定しており、「家族単位」を家族の結びつきがあるまたはない個人どうしにより共有される永続的な場所、「家族」を自然なつながり、親類関係または明らかな意思により互いが関係している、または関係していると自らが見なす個人どうしにより構成されるコミュニティと定義している。

　ナイジェリアの「暴力禁止法案」は、成立すれば、配偶者、元配偶者、婚約関係にある個人、交際または慣習上の関係、子の親、家族の一員または同一世帯のメンバーと、法律の適用対象を広く定義することになる。

　インドネシアの「DVの根絶に関する法律」(2004年法律第23号)は、家事労働者も含めている。

　オーストリアでは、法律による保護を受けるためには、被害者／サバイバーに加害者との関係を証明することが求められているが、それにより、これらの女性が二次被害に遭うということが時折ある。加害者は保護命令の対象となることを避けるため、被害者と関係があることを否定する。このため被害者／サバイバーは関係性の存在を証明するよう求められるが、そもそも何が「関係性」を構成するのか、被害者／サバイバーがなぜ保護命令のために加害者と性的関係をもったかどうかを証明しなければならないのか、という疑問が出されている。

❸ 性暴力を定義する
〈1〉夫婦間レイプを含む性的暴力を広く定義する

> **法律モデル：**
> ● 性暴力を、人格的統合性(インテグリティ)と性的自己決定権の侵害として定義する

- 現在のレイプおよび強制「わいせつ」の罪を、被害にもとづいて広く性暴力として再定義する
- サバイバーの年齢、加害者と被害者の関係性、暴力の使用または脅迫、加害者が複数であるかどうか、犯罪による被害者の身体的または精神的影響をはじめとする悪質性を考慮した刑の加重
- 性暴力が脅迫または暴力により行われたという要件や、性器挿入の証明の要件を撤廃し、以下のいずれかの定義を採用することで、暴力被害を訴える女性／サバイバーへの二次被害を最小限に抑える
    - 「はっきり表現された自発的な同意」がなかったこと、そして、暴力被害を訴える女性／サバイバーが同意したかどうかの判断にあたって、加害者とされる側に被害者の同意を確認した経過があることの証明を要求すること
    - 行為が「強制的状況」で起きたことを要件とし、強制的状況について広く定義する
- 以下のいずれかにより、とくに、関係性における（例えば「夫婦間レイプ」など）性暴力を犯罪とする
    - 性暴力に関する規定が、加害者と暴力被害を訴える女性との間の「関係性にかかわらず」適用されることを明らかにする
    - 「婚姻やその他のいかなる関係があっても、性暴力の告発からの免責は認められない」と明記する

解説

　性暴力は、女性の身体の人格的統合性（インテグリティ）の侵害というよりも、道徳や世間体、名誉、家族や社会に対する犯罪として語られてきた。この問題については進展が見られている。

　アルゼンチン、ボリビア、ブラジル、エクアドルなどのラテンアメリカ諸国で、性暴力を女性の「名誉」や「道徳」への脅威とする代わりに、暴力被害を訴える女性／サバイバーへの侵害行為ととらえ直すため、刑法が改正された。

　2004年に行われたトルコの刑法改正では、1998年に「Kvinnofrid（女性の

安全)」改革の際にスウェーデンの刑法が改正されたように、性暴力を「道徳的慣習や社会への犯罪」とする代わりに「個人への犯罪」と定義し、すべての「道徳」、「貞操」、「名誉」の文言を削除した。

　レイプは、刑法に規定されてきた性暴力の要となる「形態」であり、その定義は性器挿入の証明に重点がおかれることが多い。そのような定義は、女性が経験する性暴力のすべての範囲や、暴力被害を訴える女性／サバイバーへの性暴力のダメージを説明するものではない。そのため、これまでレイプと分類されていた犯罪を含む「性暴力」のより広い定義を刑法に採用し、挿入の証明に重点をおくのをやめた国々もある。

　例えば、カナダ刑法は、性暴力(第271条)、武器を用いた性暴力、第三者への脅迫または身体への危害(第272条)、加害者が被害者を傷つけたり、障がいを負わせたり、毀損したり、または生命を危険にさらしたりした場合の加重性暴力(第273条)を規定している。

　トルコ刑法の第102条は、性暴力を、性的な行為により他者の人格的統合性(インテグリティ)を侵害する犯罪、レイプを、性器やその他の物を身体に挿入することにより配偶者を含む他者の人格的統合性(インテグリティ)を侵害する犯罪と定義している。

　レイプや性暴力の定義は、力や暴力の使用から同意の欠如へと、時とともに発展を遂げてきた。

　例えば、カナダ刑法は、該当する章の目的において「同意」を、「性的行為を自発的に同意することを意味する」と規定した、積極的な同意の基準を設けている。

　イギリスの「性犯罪法」(2004年)では、性犯罪に関する法律を強化・現代化し、防止措置と性犯罪者からの個人の保護が向上した。同法の3つの主要な規定は、1.同意に関する法律上の定義、2.同意に関する合理性の検証──被告人が被害者・サバイバーへの同意の確認を怠ったという推定(直前に暴力や脅迫があった場合など)及び確信的推定(行為の目的を偽った場合など)、3.被告人の証明責任(同意を確信していたことの立証責任を被告人に負わせたこと)である。しかし、これまでの経験から、性暴力を同意の欠如にもとづいて定義することは、被害申立人／サバイバーが同意しなかったことを合理的疑いの余地なく証明するよう検察に対して強いることにつ

ながり、結果的に被害申立人への二次被害が起きる場合があることが分かっている。そのような二次被害を防ぐために、レイプの定義を、同意の欠如の証明よりも、特定の状況の存在によると発展させた国もある。

例えば、ナミビアの「レイプ対策法」(2000年)ではレイプの定義を、同意のあるなしの証明に代えて、「強制的状況」の存在に求めている。

同様の定義は、レソトの「性犯罪法」(2003年)にも採用されている。「強制的状況」にもとづく定義を採用する場合には、列挙される要因を広範囲にして、力や暴力の存在に重きをおくような逆戻りをしないようにすることが重要である。

歴史的に、親密な関係において行われたレイプや性暴力は処罰されてこなかった。いまなお多くの国で、親密な関係におけるレイプという概念は非常に問題をはらんでいるが、近年、そのような関係におけるレイプや性暴力の免責を刑法から撤廃し、処罰するための規定を設ける国々が増えつつある。

レソト、ナミビア、南アフリカ、スイスは、夫婦間のレイプを違法としている。ナミビアの「レイプ対策法」(2000年)は、「本法においては、いかなる婚姻やその他の関係性も、レイプの告発からの免責を認められない」と規定している。

2002年、ネパール最高裁は、「女性・法・開発のためのフォーラム対ネパール政府」事件において、配偶者間レイプの免責は違憲であり、市民的および政治的権利に関する国際規約と女性へのあらゆる形態の差別の撤廃に関する条約に違反すると判断した。

2003年、パプアニューギニアで導入された刑法(性犯罪および子どもへの犯罪)では、レイプに関する婚姻による免責が廃止された。

〈2〉セクシュアル・ハラスメントを定義する

法律モデル:
- セクシュアル・ハラスメントを犯罪と規定する
- セクシュアル・ハラスメントを、差別の一形態であり、かつ女性の健康および安全に影響を及ぼす人権侵害であると認める

- セクシュアル・ハラスメントを、雇用（非正規雇用を含む）、教育、商品やサービスの受け取り、スポーツ活動、経済的な取引を含む平等または上下の関係における女性が望まない言動と定義する
- 女性が望まない言動には、（直接的または性的意味をもたせた）身体的行為や口説き、性的交際の強要や要求、性差別的発言、性的露出のある写真・ポスター・絵の掲示、その他の性的要因を含むあらゆる言動（言葉によらない行為も含む）と規定する

解説

　セクシュアル・ハラスメントはこれまで、労働の場での犯罪と認識され、不平等な力関係（上司と部下のような）という文脈において起こるものと定義づけられてきた。結果として、セクシュアル・ハラスメントはしばしば各国の労働法で裁かれ、正規雇用の場においてそのような行為を経験した人にのみ適用されてきた。時間の経過とともに、これらの限界を認め、差別禁止法や刑法など、より総合的な方法およびさまざまな法律においてセクシュアル・ハラスメントを規定し始める国が増えてきた。

　オーストラリア・ニューサウスウェールズ州の「差別禁止法」(1977年)は、セクシュアル・ハラスメントが、雇用・教育機関・商品やサービスの受け取り・住居の賃借契約または賃借しようとする場合・土地売買・スポーツ活動の場において起こった場合は違法であると規定している。

　トルコでは、2004年に行われた刑法改正の主要改正点の1つが、セクシュアル・ハラスメントを違法とすることだった。

　ケニアでは、「性犯罪法」(2006年)第23条（権力のある地位にいる人または公務員にとっての刑法上の犯罪）、「雇用法」(2007年)第6条（雇用主や同僚による嫌がらせ）、「公務員倫理法」(2003年)第21条（公的サービスおよび公共サービス規定における嫌がらせ）の3法において、セクシュアル・ハラスメントが規定されている。

　インド最高裁は、「ヴィシャカおよびその他対ラジャスタン州およびその他」事件(AIR 1997 S.C.3011)において、セクシュアル・ハラスメントの法的拘束力ある定義を提示するため、「職場」の広範な定義を用いて、女性へのあらゆる形態の差別撤廃に関する条約第11、22、23条、女性差別撤廃

委員会による一般勧告第19号、北京行動綱領（雇用における健康と安全の促進について）を適用した。

5. 防止

❶ 女性への暴力の防止に関する規定の組み入れ

> **法律モデル:**
> 女性への暴力の防止を優先課題とし、女性への暴力を防止するため、以下の措置に関する規定を盛り込む
> - 女性の人権、ジェンダーの平等、暴力からの自由などの女性の権利に関する啓発活動
> - 差別的な社会的・文化的行動パターン、および女性の品位を傷つけるようなジェンダーによる固定観念を改めるための教育カリキュラムの導入
> - 女性への暴力についてのメディアの意識改革

解説

　女性への暴力への初期の立法は、処罰にのみ焦点を当てる傾向があり、女性への暴力の根本的問題に立ち向かおうとしてこなかった。しかし、時間の経過とともに、法律に防止措置を盛り込む重要性が、徐々に強調されるようになってきた。

　グアテマラの「女性殺害および女性へのその他の暴力に関する法律」(2008年)は、グアテマラ政府が、女性への暴力を防止するための省庁間協力・啓発活動の促進とモニタリング・対話促進・公共政策の責任を負うと定めている。

　ブラジルの「マリア・ダ・ペニャ法」(2006年)第8条は、メディアに対して、DVを正当化したり誘発するような固定観念化したジェンダーの表現を避けることを奨励し、公教育キャンペーンや、あらゆるレベルの教育カリキュラムにおいて、人権や女性への暴力の問題を強調することをうながすなどの総合的防止措置を規定している。

ヴェネズエラの「女性と家族への暴力に関する法律」(1998年)第2章は、暴力の防止とサバイバー女性への支援に関する政策を求めている。

インド最高裁は、「ヴィシャカおよびその他対ラジャスタン州およびその他」事件(AIR 1997 S.C.3011)において、雇用主に対して、職場におけるセクシュアル・ハラスメントを防止するため、仕事・余暇・健康・衛生上の適切な状況を確立することを求めた。

イタリアでは、「家庭内における、性的指向・性別およびその他の要因による個人への差別の予防および抑制についての措置に関する法案」が成立すれば、防止に関する政策が重視されることになる。

❷ 啓発

法律モデル:
女性への暴力についての公的啓発活動に対して、以下のことを含む、政府による支援および予算措置を定める
● 女性への暴力が、不平等の現れであり女性の人権の侵害であるという、市民に対する積極的な啓発活動
● 女性への暴力に関する法律と、その法律に定められた救済策に関する情報を広めるための、特定の啓発活動

解説

公的啓発活動は、女性への暴力が容認されないことを明らかにし、それを伝えていく上で重要である。啓発活動では、女性への暴力防止についてのメッセージを伝え、女性の人権を促進するとともに、女性への暴力を支持するような態度に対しては社会的非難を強め、暴力被害を訴える女性／サバイバーに烙印を押すような態度に反対するべきである。啓発活動はまた、暴力被害を訴える女性／サバイバーに、自分自身の権利、法律と法律上用意されている救済策について知ってもらうための重要な手段でもある。多くの国で、女性への暴力は容認できないという啓発活動が取り組まれ、ネットワークの構築、一般市民そしてメディアと行政との協力による宣伝で、非政府組織が重要な役割を果たしている。多くの政府が、し

ばしば非政府組織や国際組織と協力して啓発活動を展開している。

　スペインの「ジェンダーにもとづく暴力への総合的保護措置に関する基本法」(2004年)第3条は、人権の尊重と男女の平等に関する意識啓発のため、「女性への暴力に関する啓発および防止計画」の策定を定めている。計画は、サバイバー女性や関連機関のメンバー、女性への暴力に取り組んでいる専門家や、有識者を含む委員から構成される委員会によって監督される。

　インドの「DVからの女性の保護法」(2005年)第11条は、中央政府およびすべての州政府に対して、法律の規定を、テレビ・ラジオ・印刷物を含む公共のメディアをとおして、定期的に周知する措置をとるよう求めている。

❸ 教育カリキュラム

法律モデル:
- 幼稚園から高等教育にわたるあらゆるレベルの学校教育において、女性と少女の人権、ジェンダー平等の促進、とくに女性と少女の暴力からの自由についての教育を義務づける
- 上記教育は、ジェンダーに配慮し、女性の人権を促進し、女性への暴力を禁止する現行法に関する適切な情報を盛り込む
- カリキュラムは、市民社会との協議により策定される

解説

　ジェンダーの平等と女性への暴力に関する差別的態度を正す際の、最も有効な出発点は教育制度である。女性への暴力を防止するための取り組みは、女性への侮蔑的な固定観念や差別が教育カリキュラムから排除され、あらゆるレベルの教育に女性の人権やジェンダーの平等、女性への暴力を非難する内容が盛り込まれたとき、有効となる。

　スペインの「ジェンダーにもとづく暴力への総合的保護措置に関する基本法」(2004年)の第1章は、教育に携わる専門家の研修を含め、あらゆるレベルの教育におけるジェンダーの平等と意見の衝突を平和的に解決していくことの促進に焦点を当てている。

同法の第6条は、教育局に対して、すべての教育の資料から、性差別主義的な固定観念を排除することを求めている。その結果、教育カリキュラムで採用されていた多くの図書が改訂された。

　メキシコの「暴力のない生活への女性のアクセスに関する法律」(2007年)は、あらゆるレベルの学校教育において、ジェンダーの平等と、暴力から自由な女性の生活を促進する教育プログラムの策定を規定している。

　チリの「DVに関する法律」(1994年)第3(a)条は、学校のカリキュラムは、DVに関して、暴力を促し、助長し、永続させるような行動を正す内容を盛り込んだものであるべきであると定めている。

❹ メディアの意識の向上

> **法律モデル：**
> ● 女性への暴力について、ジャーナリストをはじめとするメディア関係者の啓発を促進する

解説

　メディアの情報は、許されるふるまいや態度に関して一般社会の理解に大きな影響を与える。ジャーナリストをはじめとするメディア関係者に対して、女性の人権や女性への暴力の根本原因について啓発を行うことで、それらの問題の報道姿勢、ひいては一般社会の態度に影響を与えることができる。

　スペインの「ジェンダーにもとづく暴力への総合的保護措置に関する基本法」(2004年)第14条は、「メディアは、男女間のいかなる差別的表現をも回避し、性的平等の擁護に取り組む」とした上で、「女性への暴力に関する報道は、報道の客観性という枠内において、ジェンダーにもとづく暴力の被害者／サバイバーおよびその子どもの人権、自由および尊厳を保護するため、最大限の取り組みを行う」と規定している。

　ブラジルの「マリア・ダ・ペニャ法」(2006年)第8条は、通信メディアに対し、DVを正当化したり奨励したりするような固定化された役割表現を避けることを求めている。

6. 被害者／サバイバーの保護・支援・援助

❶ 包括的かつ総合的な支援サービス

法律モデル：
- サバイバーに包括的で総合的な支援サービスを提供し、その予算を措置する
- 被害者／サバイバーへのすべてのサービスに、その女性の子どもへの適切な支援の提供を盛り込む
- 上記サービスに、特に都市部と地方部の住民が、平等にアクセスできるような配置を定める
- 可能な場合、少なくとも以下のような、被害者／サバイバーへの支援の最低基準を設定する
  - 被害者／サバイバーが、24時間無料で相談でき、他のサービス提供者につないでくれる全国ホットライン
  - 安全な緊急宿泊所、適切なカウンセリング、長期滞在場所を探すにあたって支援を受けられる、人口1万人あたり1カ所のシェルター
  - 法的アドバイスや支援、長期的支援、特定の集団の女性への専門的な支援（例えば、暴力のサバイバーである移民女性や、人身売買被害に遭った女性や、職場でセクシュアル・ハラスメントを受けた女性への特別支援など）などの、被害者／サバイバーに積極的な支援および危機介入ができる、女性の人口5万人あたり1カ所の女性の権利擁護・カウンセリングセンター
  - 女性の人口20万人あたり1カ所のレイプ救援センター
  - リプロダクティブ・ヘルスケアおよびHIVの予防を含む医療サービスの提供

解説

　暴力被害のサバイバー女性は、短期的な傷の医療と支援サービス、さらなる暴力からの保護、長期的安全と生活再建への支援を必要とする。しかし、多くの国において、そのようなサービスは法律で規定されていない。結果として、限られた資金と、政府からの不安定な財政支援に頼らざるを得ない非政府組織がしばしばサービスを提供することとなり、利用が難しい場合も出てくる。そのため、暴力を経験した多くの女性が、支援サービスを受けられないか、サービスを受けられても不十分なものになる。政府は、サービスの構築や財政援助において重要な役割を果たすことができるが、サービスの運営者として最も適任というわけではない。できることなら、女性を対象に、サバイバー女性へのエンパワーメントに効果のある総合的な支援を提供できる、独立した、経験をつんだ女性の非政府組織が、フェミニストの原則にもとづいて運営することが望ましい。

　今日まで、あらゆる形態の暴力のサバイバーが支援を必要としていることが知られているにもかかわらず、多くのサービスは、親しい関係の間に起きた暴力のサバイバーに利用が限定されてきた。

　ホンジュラスでは、DVのサバイバーのための非政府組織が運営するシェルターに対して、性暴力のサバイバーからも支援要請が出ている。

　サービスの構築を法的に定める国々が、徐々に増えている。

　グアテマラの「女性殺害および女性へのその他の暴力に関する法律」（2008年）第17条は、政府に対して、サバイバー女性に、経済的援助の提供を含む総合的サービスへのアクセスを保障するよう求めている。

　メキシコの「暴力のない生活への女性のアクセスに関する法律」（2007年）は、政府に対しシェルターの設置と維持に関する支援を義務づけている。

　トルコでは、地方行政法で5万人以上の人口を抱える地方自治体にシェルターの設置を義務づけている。

　オーストリアでは「暴力保護法」により、すべての州が、DV被害を訴える女性やサバイバー女性に対し、警察の介入後に積極的に支援を行う介入センターを設置しなければならないことになっている。この介入センターは、5年契約にもとづき、女性の非政府組織が運営し、内務省と女性

省が財政支援を行っている。

❷ レイプ救援センター

> **法律モデル：**
> - 被害者／サバイバーに対して、国の負担で、妊娠検査・緊急避妊・中絶・性感染症の治療・怪我の治療・緊急カウンセリング・心理社会的カウンセリングを含む包括的で総合的サービスを即時に提供する
> - 被害者／サバイバーの暴力に関する警察への届け出が、上記サービス提供の条件とならないことを規定する

解説

性暴力のサバイバーは、包括的で総合的サービスを即時に必要としている。このようなサービスは政府および非政府組織により展開されている。

例えば、アメリカ合衆国やドイツのレイプ救援センター、マレーシアのワンストップ・センター、インドの病院に併設された女性のためのセンターが挙げられる。いくつかの国では、サバイバー女性の暴力に関する警察への届け出が、サービス提供の条件とされている。そのような条件は、女性が医療や心理的支援を求める妨げになる可能性があり、問題である。

フィリピンの「レイプ被害者支援保護法」(1998年)は、すべての州または市におけるレイプ救援センターの設置を規定している。しかし、予算の措置を規定していないことから、地方自治体にとって、そのようなセンターの設置は困難となっている。

❸ 雇用関係にあるサバイバー女性への支援

> **法律モデル：**
> - 雇用主によるサバイバー女性への差別や、暴力被害を原因とした休暇などへの制裁を防止することにより、サバイバー女性の労働

の権利を保護する

解説

　暴力被害のサバイバー女性の中には、暴力による怪我や、新たな住居をさがすとか裁判所へ行くなどさまざまな影響により仕事を休まざるを得なくなり、その結果、失業した人もいる。

　スペインの「ジェンダーにもとづく暴力への総合的保護措置に関する基本法」(2004年)第21条は、暴力被害のサバイバー女性に、就業時間を減らすなどの権利を含むさまざまな雇用および社会保障の権利を規定している。

　フィリピンの「女性とその子どもに対する暴力禁止法」(2004年)第43条では、サバイバー女性は、通常の有給休暇とは別に最高10日まで有給休暇を取得する権利があると定められている。

　ホンジュラスでは、2006年の「DV防止法」改正により、公務員および民間企業の雇用主は、被雇用者が、サバイバーのための自助グループや加害者のための再教育の会合への参加をはじめとする関連プログラムに参加するのを認めなければならない、とされた。

❹ 被害者／サバイバーの居住の権利

法律モデル:
- 女性が被害者／サバイバーであることを理由とした家主による強制退去または賃貸契約の拒否を含む、住居におけるサバイバー女性への差別を禁止する
- 被害者／サバイバー女性が新たな住居を探すために現在の住所の賃貸契約を解除する場合、違約金の支払い免除を認める

解説

　女性への暴力は、サバイバー女性の居住の権利に直接影響する。多くの場合、暴力被害のサバイバーは、適切な次の住居を見つけられないために、暴力を被る危険性のある場所に居続けてしまう。あるいは暴力被害の

サバイバー女性は、しばしば住居から強制退去させられ、賃貸契約において差別される。

アメリカ合衆国の「女性への暴力および司法省再編法」(2005年) には、暴力被害のサバイバー女性に対し、住居に関する権利を認める新たな規定とプログラムが導入された。同法により、暴力被害者であることを理由にDVのサバイバー女性が強制退去を迫られたり賃貸契約を拒否されたりすることがないよう、関係する法律が改正された。同法はまた、公営住宅の関係者に対する教育および研修、入居条件や管理契約の改善、好事例集の作成、公営住宅の担当部局とサバイバー女性を支援する団体間との協力関係を向上させるため、予算を配分することを規定している。

オーストリアでは、ウィーン市が暴力被害を受けホームレス状態になった女性に対し手頃なアパートを借りるための支援を行っている。2001年からは、暴力のサバイバーである移民女性も制度の利用を認められている。

❺ サバイバー女性への経済的支援

> **法律モデル:**
> ● サバイバー女性のニーズに応える効果的で迅速な経済的支援の提供を規定する

解説

暴力被害のサバイバー女性は、精神的苦痛や身体的被害に加え、仕事に行けなくなったり労働意欲が減少して短期および長期に多大な経済的損失を被ることになる。暴力被害のサバイバー女性が、保護命令、家族法、裁判手続きの他に経済的支援策の活用が認められていることが重要である。

2006年に改正されたオーストラリアの「社会保障法」第1061JA条および1061JH条は、暴力被害のサバイバー女性が暴力を理由に住居を離れた場合、その逆に加害者が住居を離れたため被害者が同じ住居に住み続け、深刻な経済状態に陥った場合、サバイバー女性は、連邦社会保障機関「セン

ターリンク」から「緊急手当」を受給する資格があると定めている。手当は、政府およびその他の機関の協力によるサバイバー女性のための信託基金を通じて支払われる。

　ガーナの「DV防止法」(2007年) 第29条は、「DV被害者基金」設置を規定している。基金は、個人・組織・民間団体による寄付や政府が承認した助成金、金融省が認めるその他の財源からなる。同基金の資金は、DVの被害者を支援するための避難・回復・生活再建に関する基礎的資料の収集、DVのサバイバー女性のためのシェルター建設、回復・生活再建支援に携わる関係者の研修および能力強化などを含むさまざまな目的に利用される。

7. 移民女性の権利

❶ サバイバーの在留資格

法律モデル:
- 女性への暴力を警察またはその他機関に通報した場合、暴力被害のサバイバーを、在留資格に関して、強制送還やその他処罰の対象としない
- 暴力被害のサバイバー女性である移民に対し、加害者に知られないように在留資格を申請することを認める

解説

　婚姻や家族関係、雇用に関連して在留資格を持つ、DV被害や職場における暴力被害のサバイバー女性は、そのような暴力を警察に通報するのをためらいがちである。サバイバー女性に対し、加害者とは別個の在留資格を申請する権利を認める法律を制定する国々が見られるようになっている。

　例えば、アメリカ合衆国の「女性への暴力防止法」(1994年)および同法の再根拠規定は、特定の状況下で、アメリカ市民または合法的永住権保持者に在留資格を依存している暴力被害のサバイバー女性に対し、別個に在留資格を申請することを認めている。同法はまた、暴力被害のサバイバー女性が一定の条件を満たしていれば、強制送還手続きを中止し、永住者になることを認めている。

　カナダの「移民法」(2002年)は、DV被害のサバイバー女性に対し、配偶者の申請支援の有無にかかわらず永住資格申請を認めている。

　スウェーデンの「外国人法」(2005年)も同様に規定している。

　オランダでは、他者に依存した在留資格を有するサバイバーに対しては、性的あるいはその他の暴力が証明できれば、独立した個別の在留資格

が認められる。

オランダの「外国人法実施ガイドライン暫定補遺」(TBV 2003/48) は、少女に性器切除の慣習の被害者となる危険がある場合、その少女および家族が、オランダにおける在留資格を認められると定めている。

イギリスの「DV特別規則」は、サバイバー女性に対し、在留資格を暴力の加害者に依存している場合にはイギリスへの永住資格申請を認めている。

❷ 国際結婚仲介業者の規制と外国人女性の権利保障

法律モデル:
- 国際結婚仲介業者の行動に制約を課すこと、暴力的な男性が国際結婚仲介業者を利用するのを制限すること、国際結婚仲介業者が、女性が成人であり、自発的で、事前説明による合意をしていることを確実にすること、募集されたすべての女性に対して、将来の配偶者およびその女性の法的権利に関する情報を提供することなどにより、国際結婚仲介業によるリスクを最小限にとどめる措置を定める
- 離婚の権利と、国際結婚による暴力のサバイバー女性への個別の在留資格の取得を認める

解説

国際結婚仲介産業は、女性にとって危険をはらんでいる。彼らは、経済的に不利な立場にある女性を、富める国の男性に「販売」する。配偶者についてほとんど知らされず、自分の法的権利について何も知らずに他者に在留資格を依存している場合、多くの女性は孤立するか、ないしは弱い立場におかれてしまう。経済的動機や、男性が費用を支払っているという事実により、国際結婚仲介業者は女性の福祉よりも男性の満足度を気にかける。これらの要因が組み合わさり、女性にとってDVの深刻な危険が生じる。この問題については、女性を送り出す国および受け入れる国の両方で、法的対応がとられている。

例えば、フィリピンの「メールオーダーまたは同様の慣習によるフィリピン女性と他国籍保持者間の婚姻の仲介を無効と宣言する法律」(1990年)は、メールオーダーや個人的紹介・宣伝・出版・印刷・頒布、禁止された行為を助長するようなあらゆる冊子・チラシ・宣伝により、フィリピン女性を他国籍保持者と婚姻させる目的で会社を立ち上げ、または個人がそのような行為をすることを違法としている。

アメリカ合衆国の「国際結婚仲介業者規制法」(2005年)は、外国籍女性に、配偶者になる予定の人物に関する犯罪歴および結婚歴と、アメリカ合衆国におけるDV被害のサバイバーの権利および活用できる社会保障に関する情報が提供されなければならないと規定している。同法はまた、国際結婚仲介業者に対し、女性の個人情報の開示前に、書面により女性本人の同意を得ることを定め、18歳未満の女性に関する情報の頒布を禁止している。同法は、アメリカ合衆国にいる仲介業者が、複数の婚約者に対するビザを申請する資格についても制限している。

8. 捜査

❶ 警察官の義務

法律モデル：
警察官について、以下のとおり規定すべきである
- 女性への暴力事件の通報が、暴力被害を訴える女性／サバイバー以外の人物によって行われた場合でも、支援および保護要請に対して迅速に対応する義務がある
- その他の暴力行為に関する通報と同様に、女性への暴力事件に関する通報にも優先的に対応する
また女性へのその他のいかなる形態の暴力に関する通報と同様に、DVに関する通報にも優先的に対応する
- 通報を受けた場合、事件現場の総合的危険度評価を行い、以下のことを実施し、暴力被害を訴える女性／サバイバーが理解できる言語で対応すること
  - 安心して自由に発言できる別個の部屋での、子どもを含む関係者や目撃者との面接・聞き取り
  - 訴えの詳細な記録
  - 暴力被害を訴える女性／サバイバーへの、女性の権利に関する助言
  - 訴えに関する正式な報告書の作成
  - 必要性や要請があった場合、暴力被害を訴える女性／サバイバーへの、最寄りの病院または治療可能な医療施設への交通手段の提供または手配
  - 必要性や要請があった場合、暴力被害を訴える女性／サバイバーとその子ども、または扶養者への、避難のための交通手段の提供

または手配
　◆ 暴力の通報者の保護

解説
　警察は、女性への暴力に対応するのに、重要な役割を担っている。しかし、暴力被害を訴える女性／サバイバーは、真剣に対応してもらえないのでは、嘘をついていると思われるのではといった恐れや、司法制度への信頼の欠如から、警察への通報をためらうことが多い。女性への暴力事件における警察官の役割を規定した法律が、徐々に増えている。
　例えば、ガーナの「DV防止法」(2007年)第7条は、警察官は「DVに関する支援要請に対応し、通報者がDVの被害者ではない場合においても、事件の状況や通報した個人が必要とする保護を提供」しなければならないとし、第8条でさらに、警察官の義務について詳細に規定している。
　フィリピンの「女性とその子どもに対する暴力禁止法」(2004年)第30条は、暴力事件を通報しなかった村役人や法執行官に対して罰金を科している。

❷ 検察官の義務

法律モデル:
- 怪我の種類や程度にかかわらず、女性への暴力を訴追する責任は、暴力被害を訴える女性／サバイバーではなく、検察にある
- 法的手続きのあらゆる過程において、暴力被害を訴える女性／サバイバーに対して、女性が理解できる言語を使用して以下の情報を提供する
  ◆ 女性の権利
  ◆ 関連する法的手続きの詳細
  ◆ 利用可能なサービスや保護や支援の制度
  ◆ 法制度を通じた原状回復や補償の請求手続き
  ◆ 公判の場所や日時を含む、事件に関する裁判の詳細
  ◆ 裁判前拘留または刑務所からの加害者の保釈決定とその日時

● 女性への暴力事件を検察官が取り下げた場合、その理由を、暴力被害を訴える女性／サバイバーに正確に説明する

解説

　暴力被害を訴える女性／サバイバーが直面する不安や恐怖を考えると、検察官またはそれと同等の機関が女性への暴力事件を担当することは重要である。

　検察官の関わりは、アメリカ合衆国におけるDVに関する初期の法改革の中心的議論の1つだった。

　オーストリアでは、怪我の程度にかかわらず、あらゆる形態の暴力に関する事件で検察官の職権による起訴が行われている。

　暴力被害を訴える女性／サバイバー自身が起訴をしなければならない国においては、支援者が、検察官の積極的起訴を義務づける法改正を求めている。

　法的手続きに関する情報の欠如や誤った情報は、暴力被害を訴える女性／サバイバーが十分にかつ安全に事件に関わることを妨げたり、特にDV事件においては訴追の継続を諦めさせたり、女性を危険にさらすなど、女性にとって脅威となる。暴力被害を訴える女性／サバイバーが加害者の保釈や収監に関する情報を知らされていない場合、女性は自分の安全を守ることができない可能性がある。暴力被害を訴える女性／サバイバーが自分に関連する裁判の日時や手続きに関する情報を知らされていない場合、何が起きているのかを理解できず、大事な日に欠席してしまう可能性がある。

　ナミビアの「レイプ対策法」（2000年）第9条は、暴力被害を訴える女性／サバイバーに事件に関するあらゆる情報を確実に伝える義務を、検察官に課している。

　2006年に行われたオーストリアの刑法改正では、加害者が保釈された場合の情報を、暴力被害を訴える女性／サバイバーが知る権利を導入した。

　スペインの「DVの被害者に対する保護命令に関する法律」（2003年）は、暴力被害を訴える女性／サバイバーの、裁判の進行や予定の変更や加害

者の出所を含む法的手続きに関する情報を絶えず知らされる権利を規定している。

フィリピンの「女性とその子どもに対する暴力禁止法」(2004年) 第29条は、検察官と裁判所職員に対し、暴力被害を訴える女性／サバイバーに権利や救済について周知するよう規定している。

女性への暴力事件は、被害女性に何の説明もないまま検察官によって取り下げられることがよくある。この問題への対応として、いくつかの国では法律上の規定が設けられている。検察官に対して、事件の取り下げ理由を暴力被害を訴える女性／サバイバーに説明することを求めたスペインの「検察局指令8/2005」がその1例である。

❸ 積極的逮捕政策・積極的起訴政策

> **法律モデル:**
> ● 犯罪が起きたと認められる要因がある場合に、女性への暴力事件においては積極的逮捕政策・積極的起訴政策を採用する

解説

警察官や検察官への教育や研修が行われてはいるものの、これらの職業に関わる多くの人々が、特にDVについて、女性への暴力は犯罪ではないといまなお思っている。警察官は、逮捕などのより厳しい対応をとるよりも、女性への暴力の加害者を注意または叱責するだけですませることが多い。多くの場合、検察官は、暴力被害を訴える女性／サバイバーは信用できないと考え、あるいは証拠収集が困難という理由から、女性への暴力事件の起訴手続きを開始しないことがある。この問題への取り組みとして、強制逮捕や強制訴追、積極的逮捕政策・積極的起訴政策、被害者が関与しない状態での訴追など、さまざまな方法が導入されている。

積極的逮捕政策とは、状況判断により犯罪が起きたと認められる要因がある場合、警察官が加害者を逮捕すべきであるとする。このような政策が導入された場合、検察は代替処罰を行わずに、例外なく起訴をしなければならない。

この方法は、太平洋諸島の諸国を含むいくつかの国で採用されている。

ケニアの「性犯罪法」(2006年)では、検察は例外なく起訴をし、事件の取り下げは司法長官にのみ認められている。

ナイジェリアでは「暴力禁止法案」が成立すれば、「いかなる検察官も、検察長官により一般的または特定の事件において認められている例外を除いて、訴追開始の拒否や起訴取り下げを行わないものとする」と規定している。このような政策を歓迎する人がいる一方で、特にDVにおける暴力被害を訴える女性／サバイバーの関与が排除されていることに懸念を抱いている人もいる。

代替手段として、警察や検察による事件への真摯な対応を確実にしながらも、強制的政策よりもずっと柔軟性があり、暴力被害を訴える女性／サバイバーの意思を尊重する、逮捕肯定・訴追肯定ポリシーがある。

スペインでは、警察が、暴力被害を訴える女性／サバイバーに深刻な危険があると判断した場合や、加害者が犯罪を犯すのを目撃した場合の、逮捕肯定・拘留ポリシーがある。

ホンジュラスでは、2006年の「DV防止法」改正により、暴力被害を訴える女性／サバイバーが告訴の取り下げを申し出た場合、裁判官は、女性が取り下げを希望する理由を調査せずには事件の取り下げを認めないとした、このポリシーを変化させた制度が導入された。

積極的逮捕政策・積極的起訴政策には、警察官が加害者を特定できない場合、事件現場において、被害者が間違って逮捕されてしまう危険性をはらんでいるという問題がある（被害者は自己防衛のため、加害者を傷つけている可能性がある）。この問題への対応として、アメリカ合衆国では、加害者を特定するための特別の対応策と、警察官研修マニュアルが定められている。

9. 法的手続きと証拠

❶ 調停の禁止

> **法律モデル:**
> ● 法的手続きの前および最中における、女性へのあらゆる暴力事件の調停を明確に禁止する

解説

　女性への暴力に関する法律の中で、刑事司法や家族法手続きの代替手段として、調停を奨励または規定している国々がある。しかし、女性への暴力事案で調停が採用された場合、いくつかの問題が生じる。例えば、調停により事件が司法審査の対象外となった場合、被害・加害両当事者に平等な交渉上の地位があると推定され、しかも両当事者が暴力に対して平等に責任があるという推測が示され、加害者の責任を軽減してしまう。女性への暴力事件における調停を禁止する国々が、徐々に増えている。
　例えば、スペインの「ジェンダーにもとづく暴力への総合的保護措置に関する基本法」(2004年)は、女性への暴力に関するあらゆる種類の事件において調停を禁じている。

❷ 迅速な法的手続きを促進する

> **法律モデル:**
> ● 迅速な法的手続きを規定し、必要な場合は女性への暴力事件の緊急手続きを奨励する

解説

　裁判手続きが遅れると、特に加害者が警察に拘留されていない場合、報

復される危険が高まる可能性がある。またそのような遅れにより、暴力の申立者である女性が訴追手続きを思いとどまるようになる。

インドでは、セクシュアル・ハラスメントの申立てに対応する目的で、「ヴィシャカおよびその他対ラジャスタン州およびその他」事件（AIR 1997 S.C.3011）で最高裁が設置したセクシュアル・ハラスメント申立委員会に対し、審理時間への制限が求められた。

スペイン、南アフリカ、イギリスをはじめとする国々およびアメリカ合衆国の数州では、裁判所において女性への暴力に関する事件を迅速に進行させる規定（「加害者緊急手配」など）が採用されている。

スペインの「刑事手続法の重要な審査に関する基本法」（2002年）では、特定の犯罪について迅速な裁判手続きが定められており、DV事件については、犯罪発生から15日以内に判決が下されることを可能にしている。しかし、暴力被害を訴える女性／サバイバーの手続きについての決定権が尊重されていること、女性が心の準備ができていない場合には、離婚や別居などの行動をとること強要されないことが重要である。

スペインでの経験から、暴力被害を訴える女性／サバイバーは、とくに特別裁判所の手続きの進行が速過ぎると感じた場合には、結果的に、手続きを取り下げてしまうことがあることが知られている。したがって、特別裁判所において、被害者をサポートする専門家が配置されていることも重要である。

❸ 法律相談および無料の法的支援・通訳・裁判援助

法律モデル:
暴力被害を訴える女性／サバイバーに対して、以下の権利を保障する

- 司法手続きの利用しやすさを保障し、二次被害を防ぐことを目的に、すべての法的手続き、特に刑事手続きにおける無料の法的支援を行う
- 暴力被害を訴える女性／サバイバーを支援する法律専門家に、無料で、事件への偏見なく、付添いおよび代理人を務めてもらう権

利、司法制度に関する情報や支援を得るために裁判所のサービスセンターを活用する権利
● 要請または要求がある場合の、適任で公正な通訳と、法的書類の無料の翻訳

解説

　暴力被害を訴える女性／サバイバーが、司法制度や女性に認められている救済手段にアクセスし、それらを理解するためには、個別の法的アドバイスを含む法的支援が重要な要素となる。法的代理人を立てることにより、暴力被害を訴える女性／サバイバーにとって、法的手続きにおけるよい結果が得られる可能性が高くなることが知られている。

　例えば、ブルガリアの「DV被害者の保護に関する法律」(2005年)をモニタリングした結果、サバイバー女性は、保護命令申請にあたっては必ずしも弁護士を必要とはしないものの、弁護士が関わった場合のほうが申請が認められやすくなることが分かった。

　暴力被害のサバイバーである外国人女性が、自己および子どもの安全を確保し加害者に責任を問う場合には、言葉が大きな問題となる。

　無料の法的支援や、個別の法律相談および支援についての暴力被害を訴える女性／サバイバーの権利に関して、見本と言える規定を法律に盛り込む例が増えている。

　例えば、フィリピンの「レイプ被害者支援保護法」(1998年)が設置するレイプ救援センターでは、無料の法律支援が行われている。

　グアテマラの「女性殺害および女性へのその他の暴力に関する法律」(2008年)第21条は、政府に対して、暴力被害のサバイバー女性への無償の法的支援の提供を義務づけている。

　アルメニアには、DV被害のサバイバーに無償の心理的・医療・法的・社会的支援を提供するカウンセリングセンターやシェルターへの助成を政府に対して義務づけた法案がある。

　アメリカ合衆国のさまざまな司法管轄区域では、DV被害を訴える女性／サバイバーに対して、効果的かつ簡単に複数言語での法的アドバイスやその他のサービスを活用してもらうため、裁判所の建物内に政府予算

によるDV被害者支援センターが設置されている。

　スペインでは、すべての暴力被害を訴える女性／サバイバーに、暴力被害に直接あるいは間接的に関係するあらゆる行政上および司法上の手続きで、無料で迅速な法的支援を受ける権利が認められている。

　ケニアの「性犯罪法」(2006年)は、暴力被害を訴える女性／サバイバー自身が裁判所に訴訟を起こすことができない場合、第三者による提訴を規定している。

　ホンジュラスの「刑事手続法」(1999年)は、女性の権利に関する団体などが、暴力被害を訴える女性／サバイバーの代理人を務める可能性について規定している。例えば、ホンジュラスの「女性の権利センター」は、これまで、性暴力事件について検察と協力し、暴力被害を訴える女性／サバイバーの代理人を務めた経験を持つ。

　イギリスとアメリカ合衆国では、必要性が認められた場合、暴力被害を訴える女性／サバイバーに通訳をつけて、検察がその費用を負担する。

❹ 暴力被害を訴える女性／サバイバーの裁判中の権利

法律モデル：
- 裁判において、暴力被害を訴える女性／サバイバーに対して、以下の権利を保障する
  - 出廷するかどうか、宣誓陳述書や宣誓供述書を提出することなどを選ぶことができる。また女性の代理としての検察による関連情報の収集、録音された宣誓証言の提出などの代替手段を選ぶことができる
  - 非公開審理(インカメラ)、証言者を保護する衝立、閉鎖回路テレビ(CCTV)、ビデオリンクの使用などの方法により、出廷時、暴力被害を訴える女性／サバイバーが、加害者と顔を合わせずに証言する
  - 原告と被告とで異なる待合室・出入り口・到着および出発時刻を配慮することや、警察の護衛などの、裁判所敷地内における保護と安全の確保

- ◆ 必要最小限度の証言
- ◆ 憲法上可能な場合には、法廷の非公開の要請ができる
- ◆ 違反があった場合の救済策を用意した上で、事件に関わる個人情報に関する報道の規制
- ◆ 証人保護法がある場合は、それを参照すること

解説

　暴力被害を訴える女性／サバイバーは、法的手続き中に二次被害にあうことが多い。そのため、そのような女性の安全を確保し、参加方法を選ぶことができる状態で裁判手続きが進められることが重要である。

　ナミビアの「レイプ対策法」(2000年)は、被害女性が自ら出廷したり、被告が保釈を申請したりしている時には、女性の代理として検察官が関連情報を提出するよう要請できる権利を規定している。

　フィリピンの「レイプ被害者支援保護法」(1998年)第5条は、非公開での捜査・訴追・裁判、被害者・加害者の氏名や個人情報、個人を特定できるその他すべての情報の非公開について規定している。

　ガーナの「DV防止法」(2007年)第13(2)条は、加害者の存在は被害者や証人に深刻なマイナスの影響を及ぼす恐れがあるとし、その上で、手続きの完全性を損なうことなく、裁判所が必要と判断した場合には、被害者や証人が加害者に会わずに済むよう対策を講じることができると規定している。

　インド最高裁は、「ヴィシャカおよびその他対ラジャスタン州およびその他」事件(AIR 1997 S.C.3011)において、職場およびその他の機関に対して、セクシュアル・ハラスメントの訴えへの対応に当たっては、暴力被害のサバイバーおよび証人が抑圧や差別の対象とならないように、サバイバー女性に、加害者の転勤またはサバイバー女性自身の転勤を願い出る権利を保障することを義務づけた。

　法廷の公開や裁判手続きに関する報道を制限することで、暴力被害を訴える女性／サバイバーを、とまどいや脅迫や、出廷したり証言したりした際に直面するかもしれない危険から守れる場合がある。

　ナミビアの「レイプ対策法」(2000年)は、暴力被害を訴える女性／サバ

イバーの個人情報が確実に保護されるよう、女性の個人情報の報道について、厳しい制限を設けている。

モーリシャスで検討されている「性犯罪法案」は、暴力被害を訴える女性／サバイバーに関する情報の頒布を制限し、「犯罪の対象とされた個人を一般社会が特定できる、または特定できる可能性に結びつくような、いかなる手段による公表、頒布、複製、放送、暴露」をも犯罪と規定している。

ケニアの「性犯罪法」(2006年) は、家族に関する情報にも報道規制の対象を拡大している。

インド最高裁は、「ヴィシャカおよびその他対ラジャスタン州およびその他」事件 (AIR 1997 S.C.3011) において、セクシュアル・ハラスメント申立委員会に訴えのあった事件について、職場やその他の機関における秘密保持を規定している。レイプ犯罪について、インドでは、あらゆる報道メディアに暴力被害を訴える女性／サバイバーの個人情報の公表を禁止するよう、近年「証拠法」の改正が行われた (s.228)。

ケニアの「性犯罪法」(2006年) の例のように、証人保護規定がある場合はそれを参照し、暴力被害の証言者がその存在と内容について充分に理解していることを保証することが重要である。

❺ 証拠収集・提出について

法律モデル:
- 可能な場合における、医学的および法医学的証拠の収集および提出を法律に規定する
- 収集された医学的および法医学的証拠に関する緊急分析を法律に規定する
- 男性の親族などの他者の同意なしに、暴力被害を訴える女性が法医学医師による手当や検査を受けることを認める
- 暴力被害を訴える女性の二次被害を最小限にとどめるため、医学的および法医学的証拠の複数回にわたる収集を制限する
- 加害者を有罪とするためには、医学的および法医学的証拠が必須ではないと規定する

● 女性への暴力事件においては、暴力被害を訴える女性／サバイバーが証拠を提出できない、または提出を望まない場合でも、女性が不参加であっても起訴が可能であると規定する

解説

　医学的および法医学的証拠の慎重な収集は、公的機関の重要な義務である。女性への暴力事件における証拠の収集において高度な注意を要求する国々が増え、暴力被害を訴える女性にとって、安全で秘密を暴露されずに医学的な証拠を保存できる方法の活用が促されている。

　アメリカ合衆国の「女性への暴力および司法省再編法」(2005年)では、各州に対して、サバイバー女性が警察への通報や、司法制度や法執行当局と協力をしなかった場合でも、サバイバー女性が無料で法医学的検査を受けられるようにしている。

　ケニアでは、「性犯罪法」(2006年)にもとづいて策定されたガイドラインで、証拠収集のさいのサバイバー女性の尊厳の保護が規定され、証拠収集のための面接回数に上限が設けられている。裁判所を含むすべての関係者が容易に理解できるよう、詳細な診断書を作成することが求められている。

　しかし、証拠の重要性に関しては、暴力被害を訴える女性が知識を持っていなかったり、医学的検査への恐怖があったり、性的暴行をうけた後に洗浄したり、あるいは支援機関に相談するまでに時間が経ってしまうなど証拠の信頼を意図せず損なうような行動があったり、また利用可能な施設や、暴力の特性に配慮しつつ証拠を収集できる訓練を積んだ支援者が不足したりしているなど、さまざまな理由により、法医学的および医学的証拠が、裁判手続きにおいて利用できない場合がある。暴力被害を訴える女性／サバイバーの証言のみにもとづいて、起訴や加害者の有罪宣告を可能にする立法が重要である。

　加害者からの脅迫や、被害者が恥ずかしいと思うこと、その他の理由により、暴力被害を訴える女性／サバイバーが証言や陳述書の提供を望まない場合がある。女性への暴力における、暴力被害を訴える女性／サバイバーの証言の起訴証拠としての重要性を考慮して、そのような女性の証

言を義務づけた国もある。しかし、これでは、暴力被害を訴える女性／サバイバーが、警察に通報しなくなる可能性がある。暴力被害を訴える女性／サバイバーによる証言の義務化に対する代替案として、そのような女性が不参加の場合でも起訴できる方法がある。このような起訴により、司法制度が事件を深刻に受け止めており、暴力被害を訴える女性／サバイバーの安全を推進していることを示すことができる。暴力被害を訴える女性／サバイバーを力づけるため、女性が不参加の場合でも、裁判のすべての段階の進行状況について女性に情報が十分に届いていることが必要である。

❻ 被害の訴えの遅れが被害者の不利益とならないこと

法律モデル：
- 訴えのあった暴力の発生から通報までにどれほど遅れがあろうと、裁判所が不都合な推測を行うことを禁止する
- 女性への暴力を担当する裁判官は、陪審員、法廷補佐官、そして裁判官が自分自身に対しても、通報の遅れは、暴力被害を訴える女性の責任ではないことを確認する

解説

暴力被害を訴える女性／サバイバーによる、警察当局への暴力の届け出には時間がかかることがよくある。背景として、差別的な烙印を押されてしまうこと、被害者が恥ずかしいと感じること、信じてもらえなかった経験があること、加害者からの報復への恐怖があること、加害者に経済的または感情的に依存していること、関係機関への不信や相談しにくさがあること、地理的に裁判所が遠いこと、女性への暴力事件に対応できる刑事司法職員が不足していることなどの、さまざまな要因が考えられる。これらはどれも正当な理由である。にもかかわらず、届け出の遅れが、暴力被害を訴える女性／サバイバーが信頼できない人物であると解釈される場合が多い。

女性への暴力の発生から関係機関に届け出るまでの遅れにもとづいて、

暴力被害を訴える女性／サバイバーに不利な推測を行わないことを求める法律を、多くの国々が定めようとしている。

ナミビアの「レイプ対策法」(2000年) 第7条は、「性的またはわいせつに関する犯罪で起訴されている事件の刑事手続きにおいては、裁判所は、性的またはわいせつな行為の発生から届け出までの時間の長さにもとづいて被害者になんらの不都合な推測を行わない」と定めている。

南アフリカの「刑事法（性犯罪および関連事項）改正法」(2007年) にも、同様の規定が見られる。

フィリピンの「女性とその子どもに対する暴力禁止法」(2004年) 第16条は、裁判所に対して、暴力行為の発生から申立てまでの時間の長さを理由とした保護命令発令拒否を行わないものと規定している。

❼ 性暴力に関する法的手続きからの差別的要素の撤廃
〈1〉「注意警告」や「裏付け証拠原則」を廃止する

> **法律モデル:**
> 以下により、性的暴力事案の原告に関する「注意警告」や「裏付け証拠」の要求を撤廃する
> - 「被害者に補強証拠を要求することは違法である」と明記する
> - 性暴力事件については被害者の供述に信用性があると推定する
> - 「性暴力における被害者証言の信頼性は、他のあらゆる刑事手続きの被害者証言の信頼性と同等である」と規定する

解説
「注意警告」とは、裁判所が、裁判官自身または陪審員に対して、被害者の証言のみにもとづいて、確証のないままに有罪判決を下すことは危険であると警告する慣例である。この慣例は、女性はレイプについて嘘をつくものであり、そのような女性による証言は別個に裏付けが行われなければならないとする考え方にもとづくものである。この慣例は、特に英米法と「シャリーア法」体系の国々において実施され続けている。しかし、多くの国々が、そうした警告・規則を撤廃してきた。

例えば、ニュージーランド法にもとづく「クック諸島証拠法改正法」（1986〜1987年）は、法律や慣例で、有罪判決にはレイプや性暴力被害者による証拠の裏付けが行われなければならないと規定していたが、そのような要件はもはや不要であると定めている。

同様に、ナミビアの「レイプ対策法」（2000年）第5条は、「いかなる裁判所も、性的またはわいせつ性に関する裁判で被害者の証言を正当に扱うこと」と規定している。

未成年の少女に対するレイプ事件の判決において、ホンジュラスの裁判所は、裁判官が参照できる唯一の証拠が暴力被害を訴える女性／サバイバーの証言である場合、その証言に証拠としての価値を与えるとの判決（スペイン最高裁の判例）を引用した。

〈2〉暴力被害を訴える女性／サバイバーの性的経歴が証拠として採用されないこと

> **法律モデル：**
> ● 原告女性の性的経歴が、民事および刑事手続きにおいて取り上げられることを禁止する

解説

多くの国々において、暴力被害を訴える女性／サバイバーの性的経歴が、加害者に向けられている注意を被害者に向ける目的で使われ続けている。暴力被害を訴える女性／サバイバーの過去の合意の上での性的経験が証拠として認められれば、被害者への信頼が著しく損なわれ、事件が不起訴に終わってしまうなどの影響を及ぼしかねない。暴力被害を訴える女性／サバイバーの過去の性的経歴は、加害者の減刑のために用いられてきた。被害者が加害者側弁護人から、個人的な性行動の詳細について質問された場合、性暴力被害を訴える女性／サバイバーはしばしば二次被害にあうことになる。

法律が、法的手続きの対象となっている行為とは無関係なサバイバー女性の性行動に関する証拠の採用を退けることにより、女性のプライバ

シーを保護し、裁判官や陪審員に偏見を持たせるような証拠の採用を退けることができる。

「女性への暴力防止法」(1994年)により改正されたアメリカ合衆国の「連邦証拠規則412」は、民事および刑事手続きにおける、原告女性の性的経歴に関する無関係な証拠の採用を禁じている。

オーストラリア・ニューサウスウェールズ州の「刑事手続法」(1986年)第293(2)条は、「原告の性的評判に関する証拠は、証拠として認められない」と規定している。

インドの「証拠(改正)法」(2003年)では、レイプやレイプ未遂を訴える女性およびサバイバー女性の信頼性に対する非難を認めていた改正前の法律の規定が撤廃された。このような法律が、法的抜け道や不当な法的解釈によって弱められないようすることが大切である。

❽「被害者の誤った供述」を犯罪としない

法律モデル:
● 被害者の誤った供述を処罰する規定を設けていないこと

解説

女性への暴力に関する法律の中には、他者を誤って告発した場合、犯罪が構成されるという規定を設けているものもある。この種の規定は、暴力被害を訴える女性／サバイバーに、「信頼してもらえない」と恐れをいだかせ、提訴を諦めさせる可能性があり、また報復を目的として、被告や加害者によって悪用されてしまうという危険性がある。裁判所を故意に混乱させる行為については、その他の法律において規定されている場合が多く、女性への暴力に関する法律に盛り込まれるべきではない。そのため、南アフリカの「刑事法(性犯罪および関連事項)改正法」(2007年)のように、女性への暴力に関する最近の法律には、この種の規定は設けられていない。

10. 保護命令

❶ 女性へのあらゆる形態の暴力に活用できる保護命令

法律モデル:
- 女性へのあらゆる形態の暴力にサバイバーが利用できる保護命令制度を設置する

解説

　保護命令は、暴力被害を訴える女性／サバイバーが利用できる最も有効な法的救済の1つである。保護命令は1970年代半ばに、加害者に対して住居からの退去を命じる権限を裁判所に認めることにより、DV被害を訴える女性／サバイバーに迅速に安全を保障する制度として、アメリカ合衆国で初めて導入された。すべての国家は、保護命令を設けなければならない。命令の期間や、申立人の範囲、命令発令者、実効性、経済的支援またはその他の救済が保障されるかどうかなどは、各国の制度により大きく異なる。

　DV以外の形態の暴力被害を訴える女性／サバイバーも保護命令を申請していることが知られるようになり、それに従って命令の適用範囲を拡大する法的改正の動きも見られる。

　メキシコの「暴力のない生活への女性のアクセスに関する法律」(2007年)第6章は、同法に規定された家族・職場・教育機関・コミュニティにおける暴力、組織的暴力および女性殺害を含むあらゆる形態の暴力のサバイバーに対し、保護命令申請を認めている。

　イギリスの「強制的婚姻(市民保護)法」(2007年)は、裁判所に対し、(a)強制的婚姻または婚姻を強制する試み、あるいは(b)強制的に行われた婚姻、から個人を保護する目的で保護命令を発令することを認めている。

❷ 保護命令とその他の法的手続きの関係

法律モデル:
- 暴力被害を訴える女性／サバイバーは加害者に対して、刑事裁判上の手続きや離婚など他の法的手続きを開始することを条件とせずに、保護命令を申請できる
- 保護命令が、その他の法的手続きの代替案としてではなく、それらに加えて発令されるべきものであると規定する
- 別の法的手続きにおいて、発令された保護命令の証拠としての採用を認める

解説

　暴力被害を訴える女性／サバイバーに対して、刑事告発や離婚申請などの法的行動をとることを保護命令発令の条件として設けている国々がある。このような条件を設けると、サバイバーに保護命令申請をためらわせ、条件に従わない場合には、暴力被害を訴える女性／サバイバーが罰せられるという結果も考えられる。

　ガーナの「DV防止法」(2007年)では、個人は、その他のあらゆる手続きと関係なく保護命令を申請できるものとし、刑事または民事手続きの開始は、保護命令を申請する権利に影響しないものと定められている。

　フィジーの「家族法」(2003年)第202条は、その他の法的手続きとは無関係に保護命令を申請できるものとしている。

　フィリピンの「女性とその子どもに対する暴力禁止法」(2004年)は、暴力被害を訴える女性は、刑事またはその他の民事手続きとは関係なく保護命令を申請できると規定している。

❸ 保護命令の発令内容

法律モデル:
- 保護命令は、以下の規定を含む
  - 加害者に対して、暴力被害を訴える女性／サバイバー女性や、そ

の子ども（および、その他の人々）、そして女性やその子どもが頻繁に立ち入っている場所から特定の距離をおくよう命じる
- ◆ 加害者に対し、治療費、カウンセリングやシェルターの費用、金銭的賠償、およびDVにおいては、加えて、ローン、住居、保険、扶養手当および養育費を含む支払いを、暴力被害を訴える女性／サバイバーに行うよう命じる
- ◆ 加害者に対し、暴力被害を訴える女性／サバイバーに連絡をとったり、または、そのような連絡のために第三者を仲介させることを禁止する
- ◆ 加害者に対し、暴力被害を訴える女性／サバイバー、その被扶養者やその他親戚、関連する個人に、さらなる暴力を加えることを禁止する
- ◆ 加害者に対し、拳銃または裁判所が特定するいかなる武器の購入・使用・所有をも禁止する
- ◆ 加害者の行動を電子機器を活用して監視する
- ◆ DV事件の場合、加害者に対して、いかなる形においても財産の所有権を主張することなく家族が使用する住居から立ち退く、そして、車など交通手段の使用権、あるいは、暴力被害を訴える女性／サバイバーにとって必要不可欠なその他の個人資産を譲り渡すことを命令する
- ● 刑事および民事の手続きにおける保護命令の発令を規定している
- ● 関係機関が、女性の意志に反して、暴力被害を訴える女性／サバイバーを住居から退去させない

解説

時間の経過とともに、保護命令に盛り込まれる措置の幅は拡大してきた。

スペインの「DVの被害者に対する保護命令に関する法律」（2003年）は、加害者に対して、暴力被害を訴える女性／サバイバーへの直接または第三者を通じた連絡の禁止、暴力被害を訴える女性／サバイバー・その子ども・家族・住居・職場または女性が訪問または頻繁に出入りしそうなその他

あらゆる場所から特定の距離をおくよう命じること、共有住居や子の親権や決まっていた休暇を放棄する義務、養育費および住居や保険を含む生活にかかる基本的費用の支払いなど、幅広い救済を定めている。

アルバニアやオランダ、アメリカ合衆国など、裁判所が加害者に対し、養育費やサバイバー女性の住居費、ローンや保険の支払いを命じる国々がある。

インドの「DVからの女性の保護法」(2005年)第20条は、「裁判官は、被告に対し、DVの結果として被害者が支払わなければならなかった費用や、被害者およびその子どもが被った損失についての金銭的救済の支払いを命じることができる」と規定している。

アルバニアの「家族関係における暴力に対する措置法」(2006年)第10(1)条は、裁判所が加害者に対し、共有住居からの退去、および暴力被害を訴える女性／サバイバーへの永久的または一時的住居の費用の支払いを命じることを認めている。

イギリスの「家族法」(1996年)第33条と44条は、暴力被害を訴える女性／サバイバーに対し、住居を占有し、加害者が住居または住居の特定の部分に出入りすることを「禁止」する占有命令を申請することを認めている。

同様の規定は、ガーナの「DV防止法」第20条、インドの「DVからの女性の保護法」(2005年)第17条にもみられる。

❹ 緊急保護命令

法律モデル:
暴力の危険が迫っている場合について以下のように規定する
- 関係する公務員に対して、加害者の住居からの退去およびサバイバー女性から距離をおくことを命じる権限を認める
- 審理なしに手続きが開始され、サバイバー女性の安全が、加害者の財産権やその他の事項の考慮に優先することを規定する

解説

暴力行為による危険が目の前にある状況における緊急保護命令の発令を法律で規定する国々が増えている。緊急保護命令の手続き要件は、その国により異なっている。

オーストリアやドイツ、チェコ、オランダ、スロヴェニアをはじめとするヨーロッパ諸国では、命・健康または自由を危険にさらした者に対して、警察官がその権限において、共有住居からの10日間の退去を命ずることが認められている。

ブルガリアでは、「DV被害者の保護に関する法律」(2005年)において、暴力被害を訴える女性／サバイバーに対して、裁判所または最寄りの警察署からの緊急保護命令申請を認めている。

フィリピンの「女性とその子どもに対する暴力禁止法」(2004年)は、バランガイ長またはカガワド(選挙で選ばれた村役人)が、15日間の一方的な保護命令を発令することを認めている。法律が、伝統的権力に準司法的権限の行使を認めている場合には、手続きの透明性が確保され、暴力被害を訴える女性／サバイバーの安全のための権利が、家族や地域の調和よりも優先することが重要である。

ブラジルやチリ、パラグアイ、ウルグアイ、ヴェネズエラなどラテンアメリカ諸国のDVに関する法律にも、「緊急」や「保護」といった同様の保護措置が規定されている。

フィジーでは、「家族法」(2003年)により、暴力被害を訴える女性／サバイバーの一方的な申立てを受けて、裁判所が禁止命令を発令することができる。

❺ 審理後の保護命令

法律モデル：
- 裁判所に、暴力の訴えにもとづく十分な審理の機会を設け、長期、永続的、または審理後の保護命令を発令する権限を認める

解説

暴力被害を訴える女性／サバイバーの安全を促進するため、長期また

は最終的保護命令を導入した国もある。暴力被害を訴える女性／サバイバーが出廷しなければならない回数を減らすことで、そのような女性が負う経済的・感情的・心理的負担や、加害者に会わなければならない回数を軽減することができる。

例えば、アメリカ合衆国ニュージャージー州では、裁判所での十分な審理の後、最終的保護命令が下される。最終的保護命令は、裁判所がこれを破棄しない限り、効力が永続する。

ガーナの「DV防止法」(2007年)第14条は、被告人が、暫定的保護命令(3カ月未満)が最終的なものとなるべきではない理由を明らかにするために出廷せず、審理に応じない場合には、暫定保護命令が最終的保護命令となると定めている。

❻ 保護命令の申立てが可能な人の範囲

法律モデル：
- 保護命令の申立てができるのは、暴力被害を訴える女性／サバイバー、さらに、その女性に法的能力がないと認められた場合には後見人とする
  または
- 暴力被害を訴える女性／サバイバーの権限を尊重しつつ、国家や家族、関連する専門家などを保護命令申立ての適格者として認める

解説

誰を保護命令申請の適格者と認めるかについては、さまざまな議論が存在する。暴力被害を訴える女性／サバイバーにのみ申請を認めるべきとする人がいる一方で、そのような女性の同意の有無に関係なく、女性の代理として警察やソーシャルワーカー、家族にも申請を認めるべきだと主張する人もいる。

スペインの「ジェンダーにもとづく暴力への総合的保護措置に関する基本法」(2004年)では、裁判所による十分な審理において暴力被害を訴える

女性／サバイバーの意思が考慮されることを条件に、同居の家族や検察に刑法上の保護命令を申請することが認められている。

フィリピンの「女性とその子どもに対する暴力禁止法」(2004年)では、暴力被害を訴える女性／サバイバー自身、両親、後見人、尊属、子孫および女性のその他の親族、ソーシャルワーカー、警察、村役人、弁護士、カウンセラー、女性に関わる医療提供者を含む人々に広く申請が認められている。

暴力被害を訴える女性／サバイバー自身に申立て適格者を制限すべきだと主張する人たちは、女性の意思にもとづかない申立てを第三者に認めることで、その女性の利益や安全を脅かす恐れがあると強調している。保護命令による救済のそもそもの目的の1つは、暴力被害を訴える女性／サバイバーをエンパワーメントすることだった。サバイバー女性やその子どもの最善の利益を動機としない第三者は、保護命令申立ての権限を濫用する恐れがある。その上、暴力のサバイバー女性自身が、暴力的なパートナーの危険性を最もよく理解している場合が多いのだから、女性の意思に関係なく第三者に保護命令申立てを認めることは、法的な手続きから女性自身の権限を排除することになると主張している。

❼ 保護命令の発令に十分な、暴力被害を訴える女性／サバイバーの証拠について

法律モデル:
- 暴力被害を訴える女性／サバイバーの証言や宣誓供述書は、保護命令発令に十分な証拠となると規定する
- 保護命令発令の条件として、暴力被害を訴える女性／サバイバーの証言や宣誓供述書以外に医療・警察、またはその他の別個の証拠を必要としない

解説

法律および／または法的慣習の中には、保護命令発令の条件として、暴力被害を訴える女性／サバイバー自身の供述や宣誓供述書に加え、証拠

の提出を求めているものもある。そのような条件は、審理の重大な遅れや日程再調整に結びつき、暴力被害を訴える女性／サバイバーの安全を脅かす恐れがある。

　ブルガリアの「DV被害者の保護に関する法律」(2005年)では、裁判所が、暴力被害を訴える女性／サバイバーの申請および証拠のみにもとづいて、緊急または通常の保護命令を発令することができる。

❸ DVにおける保護命令の発令に特有の問題
〈1〉加害者と被害者の双方向の保護命令と、「挑発的行為の警告」が法律に含まれないこと

> **法律モデル：**
> - 関係当局の職員に対し、「挑発的行為の警告」を認めない
> - 関係当局の職員に対し、加害者と被害者の双方向的な保護命令の発令を認めない

解説

　暴力被害を訴える女性／サバイバーが「挑発的行為」に及んだとされる場合、警察は、その女性に対して、警告を発することができると法律で定めている国々がある。これまでの経験から、「挑発的行為」に及んだとされた場合、裁判所は、その暴力被害を訴える女性／サバイバーに対して、保護命令を発令しない傾向があることが知られている。そのため、そのような法律上の規定のあるウクライナをはじめとする国々では、支援者らが、規定の改正を提言している。

　アメリカ合衆国では、暴力被害を訴える女性／サバイバーからの保護命令の申立てに対して、裁判官が、加害および被害両当事者に行為を制限する双方向的保護命令を発令したケースもある。このような命令は、暴力被害を訴える女性／サバイバー、そして加害者の双方に過失および責任があることを意味するもので、暴力被害を訴える女性／サバイバーにとっては、現在進行中の裁判に不利益を生じさせることとなる。法律が、双方向的保護命令の発令に反対の立場の場合でも、そのような命令を発

令し続ける裁判官もいる。

〈2〉保護命令手続きにおける子の監護権（親権）の問題

> **法律モデル：**
> 子の監護権および面会権について、保護命令手続きにおいて、以下の事柄を盛り込む
> - 加害者の監護権を認めない
> - 立会のない環境における加害者の面会権を認めない
> - 立会のもとでの面会を認めるにあたり、加害者は、直近の暴力行為から最低3カ月が経過していること、あらゆる暴力の使用を止めていること、加害者向け更生プログラムに参加していることを証明しなければならない
> - 子の意思に反する面会権は認められない

解説

多くの国で、暴力の加害者は、サバイバー女性に近づいて暴力を加え続ける手段として、子の監護権を利用してきた。

グルジアでは、「DVの根絶および被害者の保護と支援に関する法律」（2006年）により、裁判所は、保護命令手続き中の子の監護権の決定において、子どもの安全を考慮することになっている。

ブルガリアでは、裁判所は、一時的に「子の住居を、被害者である親、または暴力行為を問われていない親の元に」移すことができる。

フィリピンの「女性とその子どもに対する暴力禁止法」（2004年）第28条は、「子の監護および養育の権利を暴力の被害女性に認める」とした上で、「いかなる場合でも、女性への暴力の加害者には未成年の子の監護権を認めない」と規定している。

保護命令手続きにおける監護権の決定は一時的なものであるべきで、最終的な監護権の問題は、離婚手続きや家庭裁判所において処理されたほうがよいことを示唆する国々や事例もある。しかし、それにかわる見方として、保護命令に関して決定する裁判所には、離婚やその他家族法に関

わる問題で監護権を決定する裁判所よりも、DVについて理解があることから、最終的な監護権に関する決定を下す権限を認められるべきであるという考え方も存在する。

❾ 保護命令違反による刑法上の犯罪

> **法律モデル:**
> ● 保護命令違反を刑法上の犯罪と規定する

解説

　法律が、民事上の保護命令違反を刑事犯罪と規定していない国々では、検察や警察から、加害者を逮捕できないことへの不満の声が聞かれている。

　スペインでは、保護命令のいかなる違反も刑法上の犯罪であり、保護命令違反があった場合、サバイバー女性には、加害者がサバイバー女性からとらなければならない距離や保護命令の期間、加害者の動きを追跡する電子的装置の使用を含む保護命令の内容の変更に関する十分な再審理の権利が認められる。深刻な危険や重大な危害がある場合、加害者は、裁判前に予防的に拘束されることもある。

　南アフリカの「DV防止法」(1998年)第17条は、保護命令違反を刑法上の犯罪と定めている。裁判所は、同法にもとづいて保護命令を下す際に、対象の逮捕令状も出すが、その令状は命令を遵守した場合は、差し止められる。

　イギリスの「DV犯罪および被害者法」(2004年)は、保護命令違反を刑法上の犯罪と明記しており、トルコでは、保護命令違反に対して、3～6カ月の禁固刑が定められている。

　フィリピンの「女性とその子どもに対する暴力禁止法」(2004年)では、保護命令違反に対して、罰金および／または6カ月の禁固刑が定められている。ブルガリアなどいくつかの国々では、保護命令違反を刑法上の犯罪とするための現行法改正が検討されている。

11. 刑の言い渡し

❶ 犯罪の深刻さに見合った判決

法律モデル:
- 女性への暴力という犯罪の深刻さに見合った処罰を規定する
- 判決指針を、判決の一貫性を確保する目的で策定する

解説

　女性への暴力事件で下される処罰は国により異なり、一貫性がない。時には、裁判官が暴力被害を訴える女性／サバイバーに対していだいている裁判官の差別的態度により決定される場合がある。そのため、女性への暴力事件における処罰の格差を是正し、犯罪の深刻さに見合った処罰を保障するための取り組みが行われてきている。これまでの経験から、判決指針の導入により、女性への暴力事案における処罰の格差が是正されることが知られている。

　イギリスでは、判決指針委員会が2007年に、「性暴力法（2003年）に関する判決指針」をまとめた。処罰の格差を是正する目的で最低限の処罰を定めている国々もあるが、有効性や抑止効果については、各国により異なる。

❷ 処罰の免除と減刑の撤廃

法律モデル:
以下のことを撤廃するべきである
- いわゆる名誉殺人事件における加害者への減刑または免責の規定
- 加害男性が暴力の被害者であるサバイバー女性と婚姻した場合において、その男性を免責するような規定

> ● 性産業に従事する女性、性体験のある女性など、特定の「タイプ」の女性が被害者である事件において、加害者により軽い刑を科すような規定

解説

　いまなお多くの国で、女性への暴力に関する法律に、特定の状況における女性への暴力の加害者を免責したり、減刑したりする規定が設けられている。例えば、加害者が性暴力を加えた女性本人と婚姻した場合、加害者は免責されるという刑法規定を設けている国々がある。また、いわゆる名誉のための犯罪事件について、より軽い刑を定めた刑法規定も多い。しかし、刑法からそのような規定を撤廃した国々もある。

　例えば、2003年には、トルコで、婚外関係を持った家族を殺害または負傷させた者への減刑を定めていた刑法第462条が削除された。

　1994年には、ブラジルで、性暴力の被害者と婚姻した場合に加害者を免責するとしていた刑法第107条第7および8項が法律8930号により改正され、ウルグアイでも、同様に規定していた刑法第116号が2006年に改正された。

❸ DVの再犯への刑の加重

> **法律モデル:**
> ● DVがくり返された場合、怪我の程度に関係なく、段階的により重い刑を科す
> ● 保護命令違反を繰り返した場合に、より重い刑を科す

解説

　DVはしばしばくり返されるが、そのたびに同じ罪が科されたのでは、抑止効果に疑問が生じる。アメリカ合衆国やヨーロッパの国々では、再犯に対してより重い刑を科すことに効果があることが知られている。

　1998年に行われたスウェーデンの「Kvinnofrid（女性の安全）」改革では、男性が、婚姻中・婚姻していた、または同居中の女性に対して特定の犯罪

行為を繰り返した場合に、「人格的統合性（インテグリティ）への重大な侵害」を構成するという規定が新たに刑法に導入された。同規定違反には、6カ月以上6年以下の禁固刑が科されている。

チェコの刑法第215a条は、DVの再犯に対して、より重い刑を科している。

アメリカ合衆国では、新たに行われた法改正により、サバイバー女性が同一の加害者に対して保護命令を2回以上取得した場合、または、加害者が保護命令違反を2回以上犯した場合、裁判官は、50年間以上有効な保護命令を発令することができることになっている。

❹ DV事件における罰金刑の検討

> **法律モデル：**
> ● DV事件において、加害者に罰金を科すことによりサバイバー女性やその子どもに対して経済的困難が生じる場合、罰金刑は科されないことを規定する
> ● 罰金刑が科される場合、加害者の更正や保護観察による監督も同時に行われるべきと規定する

解説

多くの性暴力事件において、加害者は、刑事手続きや民事手続きにおいて、罰金の支払いを命じられることがある。罰金は、刑法または民法違反に対して、違反者から国に支払われる金銭である。DVの加害者に罰金刑を科すことは、潜在的にサバイバー女性の負担となることが知られており、そのため、加害者への処罰の形態として適切とはいえない。そのため、スペインをはじめとするいくつかの国では、この種の犯罪において、罰金の科刑を行っていない。また、これまでの経験から、罰金刑は、加害者の犯罪行為に対する十分な処罰形態とはいえないことが知られている。

❺ サバイバー女性への賠償と原状回復

法律モデル：
- 刑事事件においては、サバイバー女性に、加害者による原状回復および賠償金の支払いが命じられると規定する
- 賠償金の支払いが、女性への暴力の加害者の処罰の1要素であったとしても、禁固刑など、その他の処罰に替わるものとはならないことを規定する
- 暴力被害のサバイバー女性に対し、十分な額の補償の申請を認める政府支援による補償プログラムの設置を規定する

解説

加害者に対して、サバイバー女性に賠償金の支払いを命じることは、これまで、加害者処罰の1方法として十分に活用されてきていない。しかし、刑事事件における賠償金の支払いを法律で規定する国々は増えており、暴力による損害の原状回復を規定したグアテマラの「女性殺害および女性へのその他の暴力に関する法律」(2008年)の第11条、イギリスの「犯罪被害補償法」(1995年)がその1例である。

スペインでは、「暴力および性的自由に対する犯罪の被害者に対する援助および支援に関する法律」(1995年)により、暴力や性的自由に対する犯罪のサバイバー女性のための特別基金が設置されている。

❻ 加害者向け更生プログラムと代替処罰

法律モデル：
- 処罰の内容に、加害者の更生プログラムへの参加を盛り込み、そのようなプログラムは、暴力被害を訴える女性／サバイバーの支援者との協力により運営されることを規定する
- 加害者に対して、加害者向け更生プログラムへの参加のみが義務づけられ、その他の処罰が科されないという場合のような代替処

罰の利用は、暴力被害を訴える女性／サバイバーの安全と、処罰の実効性を確保するため、司法当局職員や女性の非政府組織による継続的モニタリングが行われる場合にのみ、重大な注意をもって認められると明記する
- 加害者向け更生プログラムに関する慎重な見直しとモニタリング、および、女性の非政府組織と暴力被害を訴える女性／サバイバーが関与のものでの代替処罰を義務づけていること

解説

代替処罰とは、コミュニティサービスや加害者向け更生プログラムへの参加をはじめとする、刑務所における服役以外のすべての処罰をいう。現在、多くの国が、他の処罰に加えて、またはその代わりとして、加害者に、加害者向け更生プログラムへの参加の義務づけを選択肢の1つとして設けている。

プログラムについては、多少よい面が見られている一方で、サバイバー女性の支援者は、財源が限られていることから、加害者へのプログラムよりも、サバイバー女性への支援が優先されるべきで、代替処罰については、サバイバー女性の危険がまったくないことが確実となった場合にのみ利用されるべきだ、と強調している。

コスタリカの「女性への暴力の処罰に関する法律」(2007年)第11～20条は、代替処罰が認められる場合やその内容について、詳細に規定している。

スペインの「ジェンダーにもとづく暴力への総合的保護措置に関する基本法」(2004年)は、女性への暴力事件において、禁固刑の可能性が2年に満たない場合、他の処罰の差し止めまたは代替の可能性について規定している。処罰が差し止めとなった場合、加害者は、更生プログラムへの参加を義務づけられる。これまでの経験から、サバイバー女性の安全と、プログラム参加による加害者への効果を確保するため、しっかりとしたプログラムの遂行が重要であることが知られている。

イギリスでは、代替処罰としての「DV総合プログラム」に効果が見られている。プログラムは26週間にわたるもので、加害者に、自分の行為に対

する責任を受け入れさせ、自らの行動や態度を変えることを決意させることに重点が置かれている。認可されたプログラムは、暴力が継続しているかどうかについてサバイバー女性からの情報提供を得るため、暴力被害のサバイバー女性支援を行う団体と共に実施されなければならない。

12. 民事訴訟

❶ 加害者に対する民事訴訟

法律モデル:
- 暴力被害を訴える女性／サバイバーは、加害者に対して、民事訴訟を提起することができる
- 女性が夫またはその他の家族に対して訴訟を提起したりすることを禁止したり、または女性が訴訟を提起したりするにあたっての条件として、夫またはその他の家族の同意を定めない

解説

　民事訴訟は、刑事訴追や民事上の保護命令、その他の利用可能な法的救済を補完したり、またはそれに替わる価値がある。事件の事実や管轄地の法律により、民事訴訟において被害者が勝訴した場合に得られる救済の形態には、金銭的損害賠償、懲罰的損害賠償、裁判所からの被告に対する被害者の弁護士費用支払い命令が含まれる。多くの法制度において、民事的対応は刑事的対応以上の利点がある。民事事件では、刑事事件に比べて原告の立証責任の負担が軽く、暴力被害を訴える女性／サバイバー自身の意思が尊重され、勝訴した場合、サバイバー女性にとって、加害者が刑務所に収監されるよりも、民事訴訟により得られる救済のほうが有益である場合がある。

　アメリカ合衆国では、最近の法の見直しにより、DV被害を訴える女性／サバイバーが、加害者への民事訴訟を提起することがより容易にできるようになった。DVの訴えに関する法律上の制限を緩和した州もある。またほとんどの州では、配偶者の一方がもう一方の配偶者を訴えることを禁止した、不法行為における免責という英米法上の従来の見解が破棄されている。

❷ 第三者に対する民事訴訟

法律モデル:
以下のことを認めるべきである
- 暴力被害を訴える女性／サバイバーが、暴力を予防・調査または処罰する当然の義務の行使を怠った政府、または個人および民間団体への訴訟を提起することができる
- 差別の禁止および／または市民的権利に関する法律にもとづく訴訟を提起することができる

解説

　第三者を相手取った訴訟により、女性への暴力に関して政府機関やその他の機関が責任をとる事態が生じ、サバイバー女性にとっては、金銭的賠償を得る機会ともなる。

　インド最高裁判所は、鉄道委員会委員長対チャンドリマ・ダス事件（MANU/SC/0046/2000）で、西ベンガルで鉄道職員らによるレイプ被害に遭ったバングラデシュ国籍の女性に、その国籍に関係なく、生命への基本的権利およびインド憲法における平等が侵害されたとして、1000万ルピーという前例のない額の賠償金の支払いを命じた。

　被害を受けた女性サーマンがトリントン市を訴えた事件（595 F. Supp. 1521 D. Conn. 1984）において、原告は、アメリカ合衆国コネチカット州トリントン市を相手に、別居中の夫からの暴力を警察に訴えたにもかかわらず無視され、警察官は、女性が暴行されるのを黙って見てさえいたとして訴え、陪審員裁判で、230万ドルの賠償金受け取りを認められた。この事件をきっかけに、多くの警察署で、DVへの対策強化が行われた。

　差別禁止や市民的権利に関する法律にもとづいて、加害者や第三者への民事訴訟も起こされている。管轄地の法律により異なるが、差別禁止や市民的権利に関する法律にもとづいて、刑事的、民事的、またはその両方の対応が可能な場合がある。これらの訴訟から、女性への暴力をジェンダーにもとづく構造的不平等というより広い文脈でとらえることで、女性が平等への権利および身体の安全への権利を有するということをはっ

きりさせることができる。

　女性への暴力は、南アフリカの「平等の促進と不当な差別の予防に関する法律」をはじめとするさまざまな国の法律において、差別の一形態として認識されている。

　ニュージーランドの「人権法」(1993年)では、セクシュアル・ハラスメントが、差別の一形態、および、女性の人権の侵害と定義されている。

　アメリカ合衆国では、性別(ジェンダー)にもとづく暴力被害を訴える女性／サバイバーに対し、市民的権利の侵害により訴訟を提起することを認めている州や地域がある。

13. 家族法

法律モデル：
以下のことを保障し、反映するため、家族法の関連規定を改正すべきである
- 暴力的な夫との離婚、および女性と子への扶養料
- 離婚後に、サバイバー女性が家族の住居に住み続ける権利
- 加害者と離婚したサバイバー女性の、社会保障および年金の権利
- 迅速な財産分割およびその他の関連する迅速な手続
- 暴力があったかどうかを決定するための、すべての監護権および面会権事件に関する慎重な審査
- 加害者に監護権を認めないとする制定法上の推定
- 適切な場合における、専門家の監督の下での面会施設の利用
- 監護権および面会権の決定に際し、自己防衛を行ったサバイバー女性や、さらなる暴力を避ける目的で避難した女性に対し、「加害者」という認定や敵対的な推定が行われない
- 子どもの虐待や養育放棄（ネグレクト）に関する手続きにおいては、暴力の加害者が対象とされ、子の保護は、その母親を保護することにより最大限実現されると認める

解説
　DVからの保護や、暴力のない生活への権利は、女性への暴力に関する法律においてのみならず、家族法や離婚法などすべての関連分野における原則である。暴力の加害者に子の監護権を認めることは、成人であるサバイバー女性およびその子の両者を危険にさらすことになる。監護権や面会権を調整するという名目で別居後に連絡をとる必要性は、加害者がサバイバー女性に暴力を加え続けるのにしばしば使われてきた。

アメリカ合衆国では1990年、下院議会が各州に対し、DVの加害者である親に子の監護権を認めないとする法律上の推定を採用するよう求める決議を全会一致で採択した。

　加害者が子と面会する際の最初と最後に、第三者が子の受け渡しを見届けることを求めている国もある。しかし、このアプローチには、明らかにいくつかの問題がある。アメリカ合衆国、あるいはスペインやイギリスといったヨーロッパ諸国のように、面会施設がある場合でも、設置や運営に多額の費用がかかったり、施設の質に格差があったりする。さらに面会施設でも、加害者が、サバイバー女性やその子に危害を加える機会として面会を利用する危険を完全に排除できるわけではない。

　子どもの虐待および養育放棄が関係する手続きにおいては、子どもをDVの危険にさらしているとして、成人である暴力のサバイバー女性に責任があるとされる場合がある。アメリカ合衆国では、DVに関する団体と子どもの保護機関が協働し、女性とその子両者の安全および幸福を守るため、裁判所や地域組織などに宛てて、一連の提言をまとめたことがある。それら提言の実施を目的に連邦予算が配分された地域の子ども福祉機関では、DVへの意識や実践において改善が見られたが、その評価から、組織的変革においては達成や維持が難しいことが分かった。

14. 難民法

> **法律モデル:**
> ● 女性への暴力は迫害を構成し、そのような暴力被害を訴える女性／サバイバーは、難民法が認める「特定の社会的集団」に含まれると規定しその権利を認める

解説

　適切な状況においては、暴力被害のサバイバーに対し、難民申請が認められるべきである。法律分野における前向きな変化により、女性への暴力を、難民認定の理由として認める国々が増えてきている。

　例えば、1999年、イギリスの貴族院は、DVによる難民申請に関して、画期的な判断を下した。女性R対入管上訴裁判所（シャー型事件 [1999] 2 AC 629）事件では、パキスタンにおいて夫に住居からの退去を強制され、婚外関係により誤認訴追される恐れがあると訴えた2人の既婚パキスタン国籍女性について、判断が下された。貴族院は、この2人が差別の対象とされており、国家により保護されない特定の社会的集団に属しているという理由から、難民と認定した。

　アメリカ合衆国司法省入管上訴委員会は、「Fauziya Kassinja, 21 I. および N. Dec. 357」事件（仮決定3278, 1996 WL 379826）（入国管理不服申立審査会1996）において、女性性器切除の対象とされる恐れがあるとしてトーゴから逃れてきた女性を、難民として認定した。しかし、アメリカ合衆国の裁判所において、このような動機が、ジェンダーにもとづくすべての暴力事案に一貫して認められているわけではない。

女性への暴力に関する法案の起草にあたって踏むべき手順のチェックリスト

4章

ステップ1：法整備の到達目標を明確にする

　どのような立法過程においても、初めに到達目標を明確に定義する必要がある。女性への暴力に取り組む法律の到達目標は、女性への暴力の防止と、加害者への捜査・訴追・処罰の確保、そして暴力被害申立人・サバイバーの保護と支援である。

ステップ2：問題を共有するすべての関係者と協議する

　法律の影響を受ける立場にあるか、もしくは法律を履行・運用する立場にあるすべての関係者との包括的な協議は、法整備の準備段階の鍵となる要素である。これによって、暴力を受けている女性の現実が明確に浮かび上がり、適切な法的対応が保障される。また、これによって、この法律を実効性のあるものにする可能性も高まる。以下に示された関係者の一覧表は、あくまでも例示であってこの限りではないが、女性への暴力に取り組む法律の起草にあたって、どのような立場の人々が協議対象となるかというガイドラインにはなる。

☐サバイバー・被害申立人
☐女性への暴力に取り組むNGO。そこには、先住民族、移住者、障がいをもつ人、民族的マイノリティなど、特定の社会集団に属する女性への暴力被害に取り組む人々を含めること
☐サバイバー・被害申立人へのサービス提供者
☐女性の地位向上に関するすべての行政機関を含めた政府省庁など
☐国内人権団体
☐警察およびその他の法執行機関の職員
☐検察官
☐判事
☐弁護士、弁護士会
☐医療従事者
☐法医学専門家
☐社会福祉士、カウンセラー、相談員
☐教師、教育機関の関係者、統計局

☐刑務官
☐宗教者、地域活動のリーダー
☐メディア関係者

ステップ３：法案起草の際は、実証にもとづくアプローチを採用する

　実証にもとづくアプローチがあれば、法律の起草と設計に際して十分な情報が得られ、良質で将来的に実効性のあるものにすることができる。法律は、女性へのあらゆる形態の暴力の蔓延状況や発生頻度、その原因と影響に関する信頼性の高いデータと調査研究に依拠して準備する必要がある。また、これまでに学んだ教訓や、他の国々における女性への暴力防止の好事例集なども考慮しなければならない。

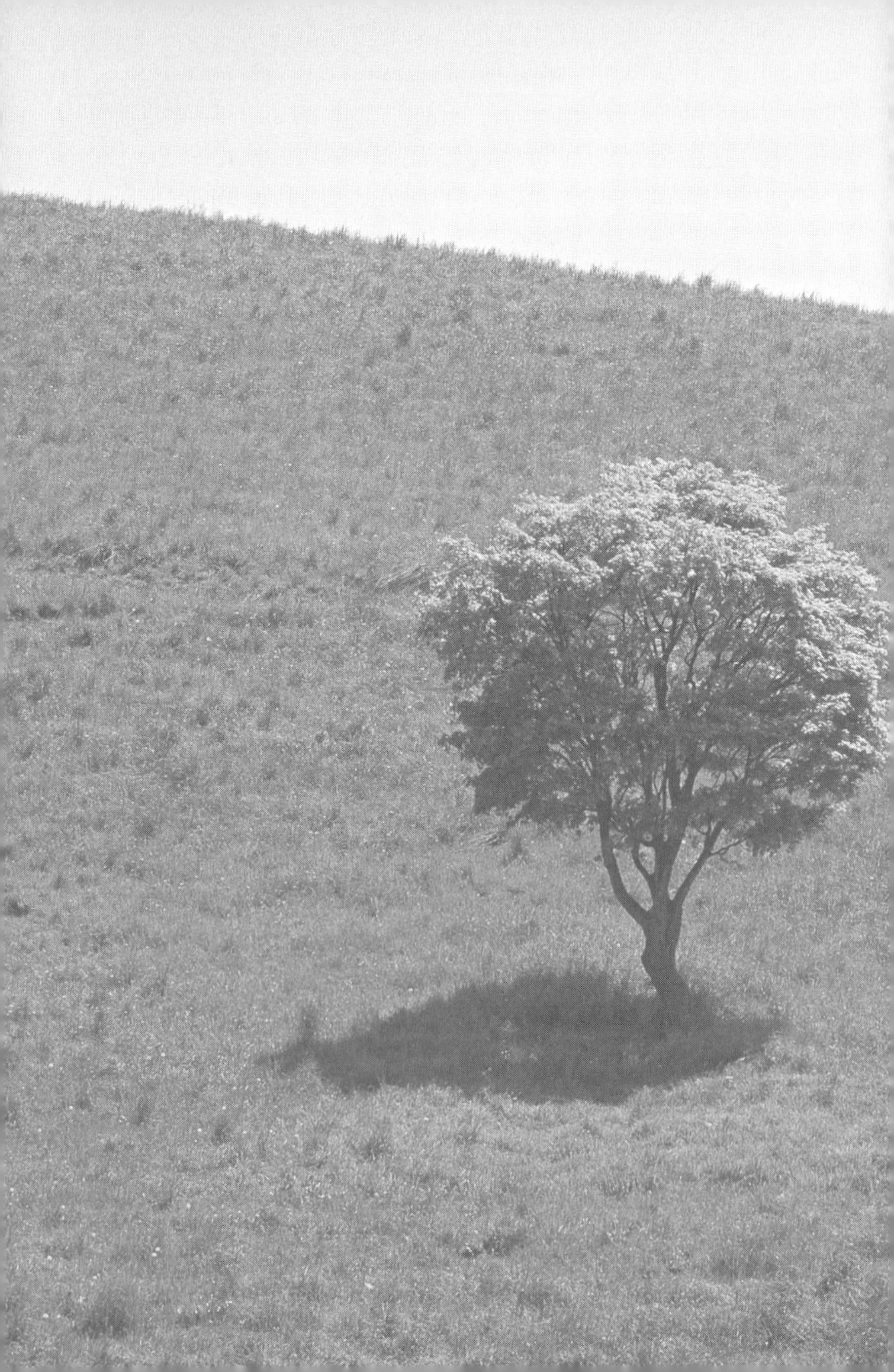

女性たちに!

私たちは
ここまできた

角田由紀子

1. 私たちはここまできた

〈豊富なアイディア〉

　国連女性の地位向上部発行の『女性への暴力防止・法整備のための国連ハンドブック』をはじめて読んだとき、法律の持つ力について再認識させられた。司法の世界で長年仕事をしている私は、法律の積極的な力よりも、かえってその限界が見えて、時に懐疑的になっていたからである。法律で実現できることには限界があるが、それを踏まえた上で、法律の活用を考えることが重要だ。とりわけ、女性への暴力防止の問題では後進国というしかない日本では、法律活用の余地がたくさんある。この『国連ハンドブック』には、私たちが使えるアイディアが数多く盛り込まれている、と感銘を受けた。ここで展開されている豊富なアイディアを、私たちはどうすれば実際の法律として手にすることができるのであろうか。それが私たちの課題である。

〈第3次男女共同参画基本計画との連動〉

　1999年に男女共同参画社会基本法が制定された。この法律は前文でこう述べている。「男女共同参画社会の実現を21世紀の我が国社会を決定する重要課題と位置づけ、社会のあらゆる分野において、男女共同参画社会の促進に関する施策の推進を図っていくことが重要である」

　これ以降、この法律が求めることを実際の政策としていくために、男女共同参画基本計画が制定されてきている。2010年12月17日には、第3次基本計画が閣議決定された。第3次基本計画の第9分野が「女性に対するあらゆる暴力の根絶」である。そこには基本的考え方として次のように書かれている。

　「女性に対する暴力は、犯罪となる行為を含む重大な人権侵害であり、その回復を図ることは国の責務であると共に、男女共同参画社会を形成していく上で、克服すべき重要な課題である。特に、インターネットや携帯電話の普及により、女性に対する暴力は多様化してきており、こうした課題に対しては、新たな視点から迅速かつ効果的に対応してい

くことが求められる。また、子ども、高齢者、障がい者、外国人等がそれぞれ異なる背景事情や影響を有していることから、これらの被害者の支援に当たってはさまざまな困難を伴うものであることにも十分配慮し、暴力の形態や被害者の属性等に応じてきめ細かく対応することが不可欠となっている。こうした状況を踏まえ、女性に対する暴力を根絶するため、社会的認識の徹底等根絶のための基盤整備を行うとともに、配偶者からの暴力、性犯罪等、暴力の形態に応じた幅広い取組みを総合的に推進する。」

　女性への暴力の根絶は、男女共同参画社会を実現するための重要な課題であり、日本政府はそう認識している。何よりも、女性への暴力による人権侵害からの回復を図ることが「国の責務」と明記されたことの意味は大きい。このような基本計画の内容は、女性たちから寄せられた意見を踏まえているといえよう。『国連ハンドブック』で紹介されている事例からは遠いとしても、この国でも女性たちの動きが、女性への暴力をなくすことに実際に貢献していることが実感される。この動きを『国連ハンドブック』を参考にし、より確実なものに発展させていきたい。
　私たちに力を与えてくれる基本計画であるが、その目標と実際の状況との大きな落差がまず目に付く。この落差を埋めていくのに、このハンドブックを役立てることができるのではないだろうか。政府の政策として、女性への暴力の防止が重要課題とされて久しいが、私たちを取り巻く暴力の状況はどの程度改善されたのであろうか。
　もちろん、ドメスティック・バイオレンス（以下DVと略す）防止法が制定されたこと、刑事裁判の中で、とりわけ裁判員裁判の中で、性暴力被害者への理解がある程度進んだことなどは喜ばしい変化である。セクシュアル・ハラスメントという言葉は十分に知られるようになってきている。それまでは、DVもセクシュアル・ハラスメントも「事実」としては長い間女性たちの生活の中に存在していた。しかし、適切な名前を与えるまでは、その存在は見えないものであった。名前を与え、存在をきちんと認識してからは、それに対する法的・社会的対応が進んできた。
　けれども、暴力の問題に取組んできた女性たちの誰もが現在の状況に

苛立ち、不満を隠すことができない。それは、なぜであろうか。法整備がゼロであった時代に比べれば、確かに幾分かはましになった。でも、もしかしたら、その先が見えにくいのではないのか。

〈女性運動の国際連帯の力に学ぶ〉

『国連ハンドブック』で紹介されている事例を知れば知るほど、彼我の違いの大きさにため息が出そうになるのは、私だけではあるまい。私たちと、彼女たちとの距離の大きさに圧倒されそうにもなる。日本ではどうすれば、あのような法律を制定させることができるのだろうか。男女平等がそれほど進んでいないのではと、日本人が勝手に思い込んでいる国のびっくりするような事例が紹介されている。それらを知れば知るほど、途方に暮れそうにもなろう。しかし、それらは、それぞれの国で女性たちが力を合わせて獲得したものに違いない、と思い直すことで、私の目の前は少し明るくなった。

女性の運動の国際連帯の中心の1つが国連であることはいうまでもない。世界の女性たちからの私たちへのプレゼントが、このハンドブックである。これをどう活かして大事に活用するのかは、私たちの力にかかっている。1980年代後半から、この国でも「女性への暴力防止」を合言葉に私たちはいくつものことを成し遂げてきた。そのことを今もう1度思い返して、自分たちの力に自信を持ちたい。女性たちの達成した成果は、基本的には、当事者に寄り添い、当事者の必要とするものを作り出すという姿勢によって生まれたのではないだろうか。

このハンドブックの末尾に、「女性への暴力に関する法案の起草に当たって踏むべき手順のチェックリスト」がついている。そのステップ2には、「関係者と協議する」とある。その最初に記載されているのは、サバイバー・被害申立人である。これは、私たちの今までの経験とも合致する重要な示唆である。暴力を受けている女性の現実を的確に把握しなければ、必要な法律を作ることはできない。法律はもちろん国会で成立するものであるが、必要な中身についてもっともよく知っているのは、当事者である。

今では、私たちは自分たちで法律案を起草する力もつけてきている。法

律の客体から主体への変化は、この数十年にわたっての日本の女性運動が達成したものの1つである。

2. 法律を作るとはどういうことか

　法律家ほど、法律を政治過程から離れたニュートラルなものとして考えるのではないだろうか。法学部や法科大学院の学生に聞いてみると、彼らの法律観は、いわゆる「六法全書」の中に収められている価値中立的なものであることが多い。文字になった法律の条文だけを眺めていると、そう思いがちになることはわからなくはない。しかし、法律が作られのは国会である。そのことを思いおこせば、それは政治の産物であることが明らかである。

　女性たちが、このハンドブックで紹介されているような、本当に役立つ、必要な法律を手にするには、十分に政治的でなければならない。座して待つことでは何も手に入らない。

　さきに紹介した第3次男女共同参画基本計画が、それ以前のものより大いに進んだのにはいくつかの理由があるはずだ。基本計画策定はまず当時の福島瑞穂男女共同参画担当大臣のもとで始まった。自らも女性への暴力の問題に弁護士として取組んできた彼女の経験が、大いに活かされているはずだ。閣議決定されたときの担当大臣は、これも女性の岡崎トミ子さんであった。なかでも特筆すべきは、基本計画案が発表されてからの公聴会やパブリック・コメントに多くの女性が（男性もだが）参加して具体的に、かつ的確に意見を述べたことであろう。そのころ、この国ではジェンダー・フリー・バッシングが吹き荒れており、参加者は、男女共同参画施策への賛成者ばかりとは限らなかったようだ。多くの反対者が参加したことが報告されている。その状況に私たちはどう立ち向かうのか。これについては、国広陽子東京女子大学教授の以下のコメントが参考になろう。

　「最近のパブリック・コメントには男女共同参画施策への反対意見も膨大に来る。審議会の目的を明確に意識し反対意見が多くあったとして

も、それを政策に反映させる必要性の有無を判断できるか。そういうことを受け止める市民が育っていないと世論に動かされることになってしまう」

「当事者を支える運動をする人たちが法律をよく知り、妥協が必要な場合は妥協するなど、交渉力が重要だとわかる。議員に申し入れに行く際に、好き嫌いで行く先も決めていたのでは効果的な運動はできない。そういう意味ではしたたかさも身につけなければならない。女性たちは正しいことが好き。ただし正義のために何をすれば効果的かも考えなくては。正義だけでは政治は動かない。そこが政治の面白さであり嫌なところである」

(『女性展望』2011年1月号11〜12頁)

女性たちは十分にしたたかに政治的になることが必要だ。国会議員や政府にやる気を起こさせるかどうかは、私たち有権者の動きにかかっていることをしっかり自覚する必要がある。それがなければ、どんなにすばらしい法律案を起草しても、実際の法律にはならない。仮に法律になったとしても、期待した効果を生み出せないであろう。つまるところ、法律は政治である。

3.女性への暴力をなくすことと経済回復

2011年1月11日、NHK総合TVの「クローズアップ現代」では「"ウーマノミクス"が日本を変える」というテーマで、女性の活用で経済回復をめざすことが語られていた。「ウーマノミクス」はウーマンとエコノミックスを合わせた造語である。先進国の中で、日本ほど女性の力を活用していない国はないようだ。

国会議員や企業の管理職、賃金の男女比率にもとづく「世界男女格差指数（GGGI）」で日本は2010年、134カ国中94位だった。賃金の男女格差を解消するには、女性が安心して働ける環境作りが必要だ。暴力が女性の力を奪い、働くことに力を発揮できなくしていることは、被害者支援に携

わった人々は実感しているはずだ。セクシュアル・ハラスメントで職を失った女性たち、DVから逃げるために職を失った女性たち、DVで傷つき働けなくなった女性たちなど、すぐに具体的な例を思い浮かべることができよう。女性の経済的地位の低さが、一方では女性を容易に暴力のターゲットにしている。女性の力で日本経済の回復をめざすのであれば、この悪循環を断ち切り、女性への暴力を根絶することが大前提ではないだろうか。その意味で、『国連ハンドブック』中、3章6.③「被雇用にあるサバイバー女性への支援」は重要である。

女性への暴力をなくすことは、政治の問題であり経済の問題である。

このことを考えると、暴力根絶の法的手段を確立することは、よりいっそうこの社会の構成員全体の利害に関わる重大な問題であることがわかる。女性の活用による経済回復をめざすのであれば、女性への暴力根絶をと、訴えることが必要である。それが理解されれば、法的対応でのより積極的な取組みにつながるのではないだろうか。経済の面から見ても、女性への暴力根絶は多くの人々の利益になるという共通認識を広める必要がある。

4.法律の運用をどうするのか

〈法律に則った運用〉

法律が女性への暴力の根絶に真に役立つものであるためには、法律に何が規定されているかということが、まず重要である。しかし、それだけではその法律は女性に役に立つという保障はない。私たちはこのことをイヤというほど体験してきている。どんなに立派なことが書かれていても、運用・適用する現場がその法律に書かれたとおりに、法律の目的どおりに運用するのでなければ、それは時に絵に描いた餅になる。悪くすれば、法律本来の目的から外れてしまうことだって起きかねない。誰がどんな考えで運用するのかが、法律の効果を決定する。

例えば、強姦罪を規定する刑法177条がよい例である。177条にはシンプルにこう書いてある。「暴行又は脅迫を用いて13歳以上の女子を姦淫し

た者は、強姦の罪とし、3年以上の有期懲役に処する。13歳未満の女子を姦淫した者も同様とする」

　DV被害者支援に関わってきた人には、なじみの経験であろうが、夫からの強姦は犯罪扱いしないというのが司法の通常の態度である。判例により、せいぜい婚姻関係が別居などの形で破綻している例外的な場合には、夫であっても強姦罪になりうると解釈されている。この解釈は今もなお優勢である。近年この考え方に批判的な意見が増えつつあるとはいうものの、裁判所では「法律婚の夫には妻に対して性交要求権がある。離婚を前提にした別居などの場合には、その性交要求権は消滅することがある」という考え方が生きている（例えば、東京高裁2007年9月26日判決『判例タイムズ』1268号345頁）。従って、別居に至っていないとき、夫は妻に性交要求権があることが承認されていることになる。刑法177条のどこにも、「法律婚の場合の妻を除く」とは書かれてない。しかし、運用の実際の現場では、書かれていない構成要件が幅を利かせている。家庭内別居のような場合に妻が告訴すれば、警察は夫を強姦罪として捜査対象にするのだろうか。たぶん、そうではないのではないか。

　また、DV防止法による保護命令の申請で苦い思いをした人も少なくないと聞く。司法の現場で何が起きているのか。保護命令は、DV防止法10条に定める要件があれば発令されるべきである。

　DV防止法の退去命令の期間は当初2週間と非常識に短かった。そこで2006年の改正時に、これが2カ月と延長された。その結果、何が起きたか。退去命令が以前に比べて出にくくなった、ということである。統計数字的にもそれは確認できるし、保護命令の申請支援に携わった人は体験的に実感しているはずだ。もともと裁判官の間には退去命令制度に批判的な見解が共有されていたようで、それが退去命令期間が延びたことではっきりしてきたということではないだろうか。

　日弁連の両性の平等に関する委員会では、この問題を重視して実態調査を行い、その結果を2010年11月に公表した。調査は2009年12月から2010年1月までの期間、各都道府県にある配偶者暴力相談支援センターへのアンケートで行われた。調査により裁判所の対応に問題があるという回答があった事例の中には、条文にない要件が付加されて取り下げの勧

告や却下がなされたことが報告されている。以下はその一部である。

「退去命令は著しく相手の権利を制限するので安易に認められない。荷物を取りに行きたいなら警察や親族に協力してもらうよう強く言われ、取り下げを迫られた。」

「退去命令につき、夫の居所がなくなるという夫側の事情を考慮し、発令は難しいといわれ、取り下げた。」

「退去命令により夫の経済面を圧迫し、今後離婚調停で要求する養育費が支払われなくかもしれない。荷物を取り出す方法は他にもあるといわれ、退去命令の取り下げを勧められたので取り下げた。しかし、実際には荷物を取り出す方法が実現せず、必要なものを用意できず生活に支障がでた。」

〈第3次男女共同参画基本計画を活かそう
──司法関係者のジェンダー教育など〉

このような事例から、法律を現場で運用する人(裁判官、検察官、警察官、弁護士など)が女性への暴力の問題について正しい理解をしていないと、司法手続きに乗せることを選択したばかりに二次被害を受けたり、求めるものが得られなかったりという結果になることが分かる。適切な法律の制定あるいは改正に加えて、司法関係者への適切なジェンダー教育がされなければならない。

これについては、さきに引用した第3次男女共同参画基本計画・第9分野「1　女性への暴力の予防と根絶のための基盤づくり」の中の「イ　相談しやすい体制等の整備、②　研修・人材確保」には、つぎのように記載されていることが注目される(**太字**は引用者による)。

● 職務として被害者と直接接することになる警察官、検察職員、更生保護官署職員、入国管理局職員、婦人相談所職員等について、男女共同参画の視点から、被害者の置かれた立場を十分に理解し、適切な対応を取ることができるよう、より一層研修に努めていく。

● 女性に対する暴力に関する理解を深め、被害者の置かれた状況に十分配慮できるよう、**司法関係者に対する研修等の充実**について協力を依頼する。また、引き続き女性に対する暴力事案に従事する女性警察官の配置の拡大を図る。
● **各法科大学院において、女性に対する暴力に関する法律及び女性に対する暴力の被害者に対する理解の向上を含め、真に国民の期待と信頼に応え得る法曹の育成に努める**よう促す。

また、「④ 関係機関の連携の促進」の項には次の記載がある。
「女性に対する暴力に関する既存の法制度の的確な運用を引き続き図ると共に、その周知に努める。また、近年新たに整備された諸制度の適切な運用に努めると共に、その趣旨や内容等について広報啓発を行う。**さらに、こうした制度で対応が困難な点があれば、新たな対応を検討する**」
さらに「オ 女性に対する暴力に関する調査研究等」の項には以下の記載がある。

● 女性に対する暴力について的確な施策を実施し、社会の問題意識を高めるため、被害等の実態を把握することを目的とした調査を、今後も定期的・継続的に実施するとともに、女性に対する暴力の実態が的確に把握できるデータの在り方を検討する。
● 女性に対する暴力に関する社会における問題意識の向上や効果的な施策の立案・展開に資する調査研究を実施する。
● 重大事件等の暴力被害について必要な検証を行い、重大な被害につながりやすい要因を分析し、的確に対応する。

加えて、「2 配偶者からの暴力の防止及び被害者の保護等の推進」では、「**配偶者からの暴力の防止及び被害者の保護に関する法律については、制度・運用の両面について、実態に即した見直しも含め取り組みの充実・強化を図る**」と述べられている。
「ウ 被害者の保護及び自立支援」の項では、「② 暴力行為からの安全の確保」として「**保護命令制度の実態とそれを取り巻く状況を分析し、そ

の結果を踏まえて必要な対応について配偶者暴力防止法の見直しを含めて検討する」

「3　性犯罪への対策の推進」の項では「施策の基本的方向」として「近親者等親密な関係にある者や指導的立場にある者による性犯罪等の発生を防止するための取組を強化すると共に、**関係法令の見直し**、効果的な再犯防止策等について検討する」とある。

さらに具体的な施策として「ア　性犯罪への厳正な対処等」の中では、「①　関係諸規定の厳正な運用と適正かつ強力な捜査の推進」の中で「**強姦罪の見直し（非親告罪化、性交同意年齢の引き上げ、構成要件の見直し等）など性犯罪に関する罰則のあり方を検討する**」と記載されている。

以上のように、第3次基本計画には、『国連ハンドブック』の提案と共通する問題意識が含まれており、これを実現する手がかりになるものを含んでいる。

政府が、「女性への暴力による人権侵害からの回復を図ることは国の責務である」と明言していることはすでに指摘した。国の責務は、「回復」に限定されないはずである。なぜならば、回復には侵害行為が前提されているが、何よりも大切なことは侵害行為がなされないこと、侵害行為への予防であるからだ。国の責務は、予防に始まり侵害からの回復までのすべての局面に対して果たされるものであるはずだ。

このように考えてくると、第3次男女共同参画基本計画をわたしたちが賢く有効に活用する知恵を出し合うことの大切さが理解される。私たちは、政治的にしたたかになって、『国連ハンドブック』の提案を1つでも多く実現したい。すでにいくつかの手がかりは得ているのだから。

5.「3章　女性への暴力防止についての法律モデル」へのコメント

法律モデルには、取り入れたいものが多いが、法体系の違いを無視してそのままというわけにはいかないものもある。しかし、今後の法制度の整備に参考になる考え方であることは、間違いない。日本の現行法の規定だけが唯一ではなく、さまざまな対応があることを知ることは重要である。

◆1.❶ ジェンダーにもとづく差別としての女性への暴力

　日本の法律に欠けている観点である。女性への暴力の存在が認識され、DV防止法などで一定程度の対応が始まったが、そこには、DVが性差別であるという基本的な認識が明確ではない。改正の際に考慮する論点である。刑法の強姦罪などの規定にはそれが欠けていることはいうまでもない。女性たちの運動として広がりつつある「性暴力禁止法」はそのような明確な規定を持つべきである。

◆1.❷ 総合的な法的アプローチ

　個別法によるアプローチの限界の指摘である。日本法では、個別法の被害者対応にそもそも問題があるので、提案されているような新しい枠組みはたいへん役に立つ。

◆1.❹ ジェンダーに配慮した法律

　日本の強姦罪は被害者を女性に限定していることで、違憲の問題を内包しており、強姦罪の保護する法的利益が女性の貞操であるという間違った解釈を呼び戻す恐れがある。その結果、女性の権利にとってもマイナスの作用を及ぼす。この点の改正についてはスウェーデン刑法の規定が参考になるのではないか。

◆2.❷ 予算

　「法律は、十分な予算なしには実効的に履行されえない」という指摘は私たちが骨身にしみて思い知らされたことである。特に、非政府組織に対し、特別予算を配置することは、緊急課題である。

◆2.❸ 公務員の研修と対応の強化

　第3次男女共同参画基本計画が、司法関係者などへのジェンダー教育の提言をしており、早急に実現を求めるべきである。引用されているスペイン法などは、大いに参考になる。

◆2.❹ 専門の警察・検察部門

女性への暴力の訴えに対して、警察では女性捜査官を配置するなどの改善はされているが、全国的に十分に行われるようにする必要がある。警察官に関しても、専門部門の強化に加えて、すべての警察官への研修が行われるべきである。検察官に関しては、おそらく専門部門を設置することは難しいであろうから、むしろすべての検察官が適切に女性への暴力を扱えるように研修などを行うという対処が望ましいのではないか。

◆2.❺ 専門裁判所

裁判所に専門部門（例えば、東京地裁の医療専門部など）を設けることは可能である。刑事・民事・離婚などを統合的に扱う部門の設置であれば、裁判所法の改正の問題にも関連するだろうし、女性への暴力に関してどのような需要があるのかが明確にされる必要がある。アメリカ合衆国・ワシントンDCのDV法廷もこのような専門裁判所の例である。日本の場合、各地の裁判所に専門部門を設置することは、裁判官の増員その他に関連してくるので、司法予算が国家予算全体の0.3％程度と極めて少ない現状では多くの障がいがある。女性への暴力防止についてより有効な司法制度を求めるのであれば、司法予算の問題などについても関心を持つべきである。

◆3.❷ 統計データの収集

これは、第3次男女共同参画基本計画も言及していることであるから、実質的には実現可能である。具体的なデータは有効な施策のためにも必須である。

◆4.❷〈1〉DVの形態に関する包括的定義

DV防止法の定義は、この提言に照らすと不十分であることがわかる。性的暴力は明示されていないし、経済的暴力は含まれていない。「ある行為が暴力を構成するかどうかの決定にあたっては、心理学者やカウンセラー、被害申立人やサバイバー支援者やサービス提供者、研究者などの関連する有識者の専門的知識を用いるべきである」は有益なアドバイスであ

る。

　今、女性たちが「暴力」と認識しているできごとは、少し前までは暴力とは認識されていなかったことを考えると、暴力の定義そのものが社会的・歴史的なものであることが理解される。

◆4.❷〈2〉法律により保護される人の範囲

　DV防止法は、事実婚を含んでいるものの婚姻関係に限定している。婚姻関係にない人の間のDVにたいして、デートDVという日本語が生まれたゆえんである。同性間に適用されるかどうかも不明確である（2007年に女性同士のカップルの一方に保護命令が発令されたとの事例が報道されたが、法文上は適用されると明示されてはいない）。石巻での痛ましい事件（2010年宮城県石巻市で起きた、交際関係にあった未成年者のDVに関連した殺人事件）を考えると、日本では保護される人の範囲の拡大が必要である。

◆4.❸〈1〉夫婦間レイプを含む性的暴力を広く定義する

　性的暴行を、身体の不可侵性と性的自律の侵害として定義するということは、刑法の強姦罪などに関する暴行・脅迫要件を含む構成要件自体を見直すことである。また、刑法第177条の解釈の通説は、明文規定に反して法律婚関係にある女性を被害者として認めない。法律婚関係にある者を含むことを明示すべきである。「強姦罪や性暴力の定義が力や暴力の使用から同意の欠如へと、時とともに進化を遂げてきた」との指摘からすれば、現行刑法の強姦罪規定が1907年制定のままのものであること自体が異様であろう。「進化」と一切無縁できたわけである。もちろん、解釈の上での一定の変化はあったが、やはり、100年以上前の規定そのものを見直すべきである。

◆4.❸〈2〉セクシュアル・ハラスメントを定義する

　セクシュアル・ハラスメントを犯罪として規定することは必要であるが、構成要件の書き方・定義の仕方には検討が必要であろう。刑法の強姦罪や強制わいせつ罪などとの関係をどうするかも検討事項である。労働、教育の場以外におけるそれをセクシュアル・ハラスメントとする考え方

は、日本ではまだ十分に理解されているわけではないので、まずそのことの理解を広げることが重要だ。

◆5.❶ 女性への暴力の防止に関する規定の組み入れ

重要な提言であるが、どのような法律に盛り込むのか、検討が必要である。その点からも、性暴力禁止法という包括的な法律の出番であるかもしれない。DVについては、DV防止法に組み込むことが可能ではないか。

◆5.❷ 啓発、❸ 教育カリキュラム、❹ メディアの意識の向上

スペイン法は示唆に富むが、日本の法体系ではどうするか。

法律というよりは、まず男女共同参画基本計画のような方法が現実的という考えもできよう。

◆6.被害者／サバイバーの保護・支援・援助

包括的かつ総合的支援サービスとして提言されていることは、きわめて具体的なものである。実現するには予算措置を伴うものなので男女共同参画基本計画だけではなく、新たな根拠法が必要となろう。何が必要かを日本の実態に照らして出し合い、具体化の方法を見つけたい。サバイバーが十分な支援を得られていないことは、政府の調査（内閣府男女共同参画局「配偶者からの暴力の被害者の自立支援等に関する調査結果」2007年）でも明らかになっており、早急な対応が必要である。自立が可能になる十分な支援があれば、暴力の環境に耐える必要はない、という明確なメッセージを困難な状況に置かれている女性たちに届けることができる。

サバイバーの住居の権利の保障や経済的支援などを実現するには、社会保障法など関連するあらゆる分野の法律の見直しが必要である。これまでのDV防止法改正議論の際に、関連法律の見直しを女性たちは提案したが、全く実現していない。

◆7.移民女性の権利

日本のDV防止法は、外国人も対象にするといっているだけで、具体的な保障規定がない。それも、「職務関係者はその職務を行うに当たり、

……被害者の国籍……を問わずその人権を尊重するとともに……」という規定の仕方でしかない。DV防止法の改正時の課題である。

◆8. ❶ 警察官の義務、❷ 検察官の義務

　刑事訴訟法、警察法、警察官職務執行法、DV防止法、犯罪捜査規範などに関連する。警察の対応への不満や不安は、サバイバー女性から聞く。もちろん、警察の対応で助けられたという女性も多い。警察は被害者が最初に出会う公的機関の1つであり、そこでの対応がその後の女性の運命を決定することもある。また、警察が安心して頼れるところであることが、広く知られれば、被害者の潜在化も防げるだろう。そのことが加害行為を減らすことに間接的には役立つのではないか。

◆8. ❸ 積極的逮捕政策・積極的起訴政策

　積極的逮捕政策・積極的起訴政策は刑事訴訟法の中にどう位置づけることができるのか。刑事訴訟法の逮捕、起訴に関する一般原則との関係が検討されねばならない。

◆9. ❶ 調停の禁止

　スペイン法は、女性への暴力に関するあらゆる種類の事件における調停を禁じているという。日本では、離婚調停手続きが問題になってくる。調停の多くが弁護士なしで行われており、DV事案の場合、もともとの力関係の不均衡が是正されることなく、「話し合い」のテーブルにつくしかない現状を見直すことからはじめるべきではないか。しかも、日本では全離婚件数の8％程度しか調停手続きを利用しておらず、90％近い離婚（もちろんDV事案を含む）が裁判所が関与しない協議離婚である。離婚法の改正をも視野に入れて考えるべきである。

◆9. ❸ 法律相談および無料の法的支援・通訳・裁判援助

　現行の法テラスによる支援では、法律相談は3回までは無料であるが、生活保護を受けていれば、費用の償還免除の可能性がある。しかし、これでは十分とはいえない。

◆9.❹ 暴力被害を訴える女性／サバイバーの裁判中の権利

　このうちのいくつかは実現しているものもあるが、さらに広げていくには、民事訴訟法および刑事訴訟法の改正を検討することになる。現状でも運用でカバーできる部分もあるので、それらについてはその慣行を確立していくことが重要である。

◆9.❺ 証拠収集・提出について

　民事訴訟法および刑事訴訟法の問題である。
　それが重要な証拠であることは間違いないが、日本では被害者女性の証言が義務づけられているわけではない。証拠の評価方法をどこまで具体的に訴訟法に書き込むことができるかは難しい問題であろう。

◆9.❻ 被害の訴えの遅れが被害者の不利益とならないこと

　これも証拠の評価の問題である。

◆9.❼ 性暴力に関する法的手続きからの差別的要素の撤廃

　暴力被害を訴える女性およびサバイバー女性の性的経歴が証拠として採用されないこと
　アメリカ合衆国でのいわゆるレイプ・シールド法などがこれにあたる。民事訴訟法および刑事訴訟法の証拠に関する規定の見直しとなる。法律改正を待つ間は、裁判官の訴訟指揮として、あるいは検察官からの適切な異議の申出としてなどではほぼ同様な効果を期待できるので、司法関係者へのジェンダー教育の問題でもある。

◆9.❽ 「被害者の誤った供述」を犯罪としない

　日本の場合は、女性への暴力に関する法律中に「被害者の虚偽の供述」（虚偽告訴）を犯罪とするという規定はない。刑法の虚偽告訴罪を女性への暴力事案についてのみ適用しないとすることは難しいのではないか。

◆10.❶ 女性へのあらゆる形態の暴力に活用できる保護命令

　これは新しい考え方であり、保護命令がDV事案に限定されていること

の見直しは必要である。この点に関してメキシコ法が参考になるだろう。

◆10.❸ 保護命令の発令内容

　DV防止法の保護命令の内容は拡大してきているが、まだ不十分である。

　「被告（相手方）」に対し、治療費、カウンセリング・シェルター費用、金銭的賠償、およびDVにおいては、加えてローン、住居、保険、扶養手当および養育費を含む財政的支援を、暴力被害の申立人もしくはサイバーに対して行うよう命じること」は、重要な指摘である。

　保護命令は申立人の安全な生活確保に必要とすることを一元的に実現できる内容であるべきであろう。

◆10.❹ 緊急保護命令

　DV防止法第14条1項は「保護命令は、口頭弁論又は相手方が立ち会うことができる審尋の期日を経なければ、これを発することができない。ただし、その期日を経ることにより保護命令の申立の目的を達することができない事情があるときは、この限りではない」と規定しており、一応緊急時には審尋手続きなしに、発令できるようになってはいる。しかし、通常保護命令とは別に緊急保護命令手続きを設ける方がよい。

◆10.❺ 審理後の保護命令

　日本の保護命令は期間が短いことが問題である。接近禁止命令は6カ月ごとに再度の申請ができる構造であるが、実際には再度の保護命令は出にくい。退去命令はもっと難しいのが実態である。アメリカ合衆国ニュージャージー州の最終的保護命令というのは、この問題の解決策として興味深い。

◆10.❽〈2〉保護命令手続きにおける子の監護権（親権）の問題

　子どもへの接近を禁ずる保護命令が出ていても、家裁に面会交流を求める調停を申し立てる加害者もいるし、申立が禁止されているわけでもない。保護命令と面会交流権など監護権との関係は日本法では明確では

ないので、きちんとした規定をしておく必要がある。これは、民法および DV 防止法の問題である。

◆11.❶ 犯罪の深刻さに見合った判決

日本の刑法は一般的に法定刑の幅が広く、宣告刑は裁判官・裁判員の判断である。従って問題は主として宣告刑の選択にある。

◆11.❸ DV の再犯への刑の加重

現行法のもとでは、DV 行為は刑法で裁くしか方法がないが、刑法は DV を知らない時代の産物であり、必ずしも適切に対応できてはいない。DV 罪の新設などの DV の特性を反映した扱いが必要である。

◆11.❻ 加害者向け更生プログラムと代替処罰

新しい刑の種類を設けることであるから、刑法改正の問題である。女性への暴力犯罪に限らず、現行の刑の種類で足りるかという議論はありうる。

◆13. 家族法

最近の家族法改正議論のなかで、DV 問題は共同親権制度や面会交流権に関して議論されているが、それ以外の点ではされていないようだ。現行法は DV ということを知らない時代に作られたものであるから、根本的な見直しが必要である。

解説

女性への暴力防止・法整備を実現するために

柳本祐加子

1.「女性への暴力」ということばが、女性たちに力を与えた

「女性への暴力」という言葉が広く用いられるようになってから、30年が経過した。この言葉が生み出されるまで、何となく変だ、でも、何が、どう変なのかをうまく言い表せない、という不快感や不安を女性たちは感じ続けてきた。実際に被害にあった女性たちが「被害」と認識しているにもかかわらず、社会的には「被害」と認識されないのが実態だった。「女性への暴力」という言葉は、女性たちに、それらが「暴力である」と捉えることを可能にし、大きな力を女性たちに与えた。

「暴力」は決して許されない、と主張することができる。さらに暴力のターゲットとされたのであれば、「被害を受けた」と主張することができるからである。

近代において、社会は公領域と私領域に区分されることとなった。女性の身体と性は、私領域である家庭に閉じ込められた。「法は家庭に入らず」という言葉が示すように、この領域では、法ではなく、家長(夫や父)による支配が認められた。この支配には懲戒も含まれる。懲戒が妻や子どもたちに行われても、それが家長にとって必要と認められた場合には、当然のこと、普通のこと、あるいは自然なこととされた。つまり家庭は、歯止めなく暴力が蔓延しうる場であった。

この状態は決して大昔のことではない。子どもに対する親からの暴力が「こども虐待」として、妻に対する夫からの暴力が「ドメスティック・バイオレンス(以下DVとする)」としてそれぞれが認識されるようになったのは、20世紀が4分の3ほど経過してからである。

日本の状況を見れば、児童虐待防止法の制定が1999年、DV防止法の制定が2001年である。20世紀と21世紀をちょうどまたぐタイミングで、家庭の中における暴力が法的関心の対象となったのだった。しかし、こうした暴力は「家庭の中」にだけ存在するのではない。性的な関係を含む親密な相手からもさまざまな暴力を受けていることが明らかとなっている。

こうした暴力を受けた人が、それから逃れたいと思ったとき、どのようにして実現させるのか。暴力の加害者に対してはどのようにしたらその

責任を問えるのか。繰り返させないためにはどうしたらよいのか。そもそもこうした暴力が起きないようにするためにはどうしたよいのか。疑問や取組むべき課題は次々と現れる。これらを適切に解決するためには、世界中の経験を持ちより、よい対応方法を作りだすたゆまぬ努力が必要だ。なぜならそれらが「女性への暴力」として認識されるようになってからまだ30年ほどしか経過していないのだから。

本書『女性への暴力防止・法整備のための国連ハンドブック』(以下『国連ハンドブック』)は、そうした経験の中でもとくに良い経験を「事例」として世界中で分かち合うべきものが収録され、今後の法律のあり方について提案している。つまり刑法などのどこをどう改正したらよいのか、その道しるべとなるものである。ここでは『国連ハンドブック』が発行されるに至る、女性への暴力に取組んできた歩みを振り返り、世界が何を目指そうとしているか、そして日本の課題は何か、について検討してみたい。

2.世界は女性への暴力にどう取組んできたか

まず国連の文書などにおいて、どのように女性への暴力は語られてきたかについて振り返り、世界が何を目指そうとしているかを分析し、その一定の成果である『国連ハンドブック』の眼目を取り上げてみたい。

●女性への暴力はどのように語られてきたか

重要な文書としてまずナイロビ将来戦略(1985年)をあげなければならない。つぎに1979年に成立した女性差別撤廃条約によって設置された女性差別撤廃委員会による一般的勧告19(1992年)、女性への暴力撤廃宣言(1993年)、そして北京行動綱領(1995年)が、20世紀における成果である。

①ナイロビ将来戦略(1985年)

1975年を国際女性(婦人)年として、第1回世界女性会議がメキシコシティで開催され、その10年後に採択された文書である(以下「戦略」と略す)。2000年までに達成すべき目標が書き込まれ、「女性への暴力」に言及して

いる。

　「戦略」は、世界各地で起きている女性への暴力を指摘し、それに関心を持つことを呼びかける。「女性への暴力はあらゆる社会の日常生活の中に様々な形で存在している。女性は殴られ、障がいをもたされ、焼かれ、性的に虐待され、陵辱されている。このような暴力行為は平和を他の『十年』の目標を実現する上での主要な障害となっており、これに特別な関心が向けられるべきである」(258項)。女性への暴力はこのような問題であるとしても、被害者でさえそれを「あってはならないこと」、あるいは「被害」と認識できない場合もあり、社会全体も「仕方のないこと」「自然なこと」などとして、それをなくすことをいわば諦めるような傾向がある。

　このような傾向に対し「戦略」はつぎのように呼びかける。「女性には、虐待は改めることができない現象ではなく、女性および子どもの肉体的、精神的保全に対する攻撃であって、彼女らが被害者であるか目撃者であるかにかかわらず、暴力に対して闘う権利（および義務）を持っていることを認識させることをとくに目指すべきである」(231項)。

　そして「戦略」は、被害者を保護し、なくすための対策として、「暴力の犠牲となった女性に特別の注意を払い、包括的な援助を与える必要がある。このためには暴力行為を防ぎ、女性の犠牲者を救済する法的措置を制定すべきである」(258項)と、実効性のある法律の制定を提案する。適切な運用にもとづく問題への取組みのために国内機構を設立し、被害女性への制度的支援（虐待された女性や子どもに避難施設、援助及び指導のためのサービスの提供）と、予防政策の策定を提案する(258項)。さらに「戦略」は、女性の品位を傷つけるイメージや表現の抑制によって暴力をなくす政策や法的措置を確立し、加害者への教育を充実すべきであるとする(288項)。

②女性への暴力・女性差別撤廃委員会一般的勧告19（1992年）

　この勧告は女性への暴力は「差別の1形態」であり、「人権を侵害する」ものであるとする。そしてこの暴力をなくすために以下のような措置をとることを締約国に勧告する。

- 締約国は、ジェンダーにもとづく暴力から女性を保護するための効果的な立法措置(刑事的制裁、民事的救済および補償の付与を含む)。
- 防止措置(男女の役割および地位に関する態度を変更させるための公的情報および教育プログラムを含む)。
- 保護措置(暴力の犠牲者または暴力の危険にさらされている女性のための避難所、カウンセリング、リハビリテーションおよび支援サービスを含む)。
- 締約国は、ジェンダーにもとづくあらゆる形態の暴力について報告する。まとめられたレポートはあらゆる形態の暴力の発生率について、および、犠牲者である女性への暴力の影響について利用可能なすべてのデータを含む。
- 締約国レポートには、女性への暴力をなくすためにとられた立法、防止および保護措置についての情報を含む。

③女性への暴力根絶宣言 （1993年）

　この宣言はその第1条で、女性への暴力を、「女性への肉体的、精神的、性的又は心理的損害又は苦痛が結果的に生じるか、もしくは生じるであろうジェンダーにもとづくあらゆる暴力を意味し、公的又は私的生活のいずれで起こるものであっても、かかる行為を行うという脅迫、強制又は自由の恣意的な剥奪を含む」とする。そしてこれをその前文では、「女性への暴力は、男女間の歴史的に不平等な力関係の現れであり、これが男性の女性に対する支配及び差別並びに女性の十分な地位向上の妨害につながってきたこと、および女性への暴力は女性を男性に比べて従属的な地位に強いる重要な社会機構の1つである」とする。ナイロビ戦略が女性への暴力の「存在」を指摘した上で、対策を提案したのに対し、根絶宣言は女性への暴力を「社会機構」と捉え直した上で、対策を提案する。この変化は重要である。なぜなら女性への暴力をなくすために、この社会の変革を促しているからである。第4条は、女性への暴力をなくすための17の措置を記す。それらはつぎの6つにまとめることができる。

- 女性への暴力に対するあらゆる法律上の罰則の開発
- 被害者に救済へのアクセスを与える

- 国内行動計画の策定
- 予算措置
- 実態調査とそれに基づく措置の開発
- 宣言実施のためのガイドラインの開発

④北京行動綱領（1995年）

　ジェンダー平等を実現するための非常に重要な文書である。国連・女性の地位委員会では毎回この綱領の各国における進捗状況を確認している。

　昨2010年の夏に来日し、今年実施される日本報告審査のフォローアップを担当する女性差別撤廃委員のシモノヴィッチ委員は、「北京行動綱領は、女性差別撤廃条約の行動計画である」との理解を昨年の女性の地位委員会で示した。この綱領は12の重大関心領域の1つに女性への暴力を位置づけた。北京行動綱領は女性への暴力を、女性への暴力撤廃宣言とほぼ同じように「女性への暴力とは、公的または私的生活のいずれを問わず、女性に対する身体的、性的、心理的危害または苦痛が結果的に生じるであろう性にもとづくあらゆる暴力行為をさし、そのような行為を行うという脅迫、強制、自由の恣意的な剥奪を含む」(114項)とする。

　この暴力の具体的な例としてDV、強かん、セクシュアル・ハラスメントをあげるとともに、「武力紛争における、とくに殺人、組織的強かん、性的奴隷、強制妊娠を含む、女性の人権侵害が含まれる」(115項)とする。この部分は、冷戦終結後世界各地で起きた民族紛争において行われたさまざまな性暴力を目の当たりにしたことから、その防止や被害者救済、加害者処罰の必要性が意識されるようになったことを示している。

「性的奴隷」は、旧日本軍戦時性奴隷の問題が想定されたものであることは言うまでもない。引き続き綱領は女性への暴力の原因と結果、そしてそれへの対策について記す。まず原因については「女性の社会的、経済的地位の低さが、女性への暴力の原因とも結果ともなりうるのである」(113項)とし、結果については「女性への暴力は、歴史的に不平等な男女の力関係を表すものであり、男性の女性支配と差別および女性の完全な能力の開発の妨害をもたらした」(119項)とする。こうした原因と結果から、綱領は女性への暴力を「女性に男性に比し従属的な地位を強いる重要なシステム

の1つである」(118項)と分析する。この理解は、女性への暴力撤廃宣言の延長線上にあるものである。宣言が示した女性への暴力に関する理解がここで再度確認されたということだ。対策については、伝統的な性別役割分業をなくすこと、女性への暴力をなくす効果的な法律の制定、とくに加害者の訴追を強調した法律を制定すること、被害女性への保護および賠償などを保障することが必要であるとする(125項d)。さらに綱領は、「メディアにおける女性への暴力描写、とくに強かんあるいは性的奴隷の描写、ポルノグラフィを含めて性的対象として女性や少女を使うことは、女性への暴力が広がり続けることに影響を与え、社会全体に広く、とりわけ子どもや青年に有害な影響を与える要因となっている」(119項)と指摘する。これはナイロビ将来戦略でも指摘されたことである。これがここでも再度繰り返され、その問題性が確認された。

⑤女性への暴力根絶のためのモデル戦略（1997～98年）

このように、女性への暴力に対応する法律の制定の必要性が提案され続けてきたところ、国連・犯罪と刑事司法委員会により「女性への暴力根絶のためのモデル戦略」が作成され、1998年国連総会で承認された。これは女性への暴力に対応する、主として刑事法に関するものである。

モデル戦略はまず締約国に対して、法律や法典そして手続法、とりわけ刑事法を定期的に見直し、評価し、改訂し、女性への暴力を根絶する価値や効果あるものとすること、女性への暴力を容認するような規定を取り除くこと、国内の刑事法と民事法を見直し、必要な改訂を行い、すべての女性への暴力行為を禁じる措置をとることを求める。

● 警察について
◆ 女性への暴力事案において警察は現場に入り、逮捕できる権限を警察に持たせること
◆ 被害女性への負担を最小のものとできるような証拠収集、調査方法を開発すること
◆ 警察が加害者を逮捕したりその身柄拘束を決定したりするときには、被害者の安全を考慮に入れ、さらなる暴力を抑止するものであるかどう

かも考慮すること
- ◆ 女性への暴力事案に対し警察が即座に対応できるようにする警察権限の行使は、法の支配、行為規範に従わなければならないこと

　こうした対策が提案されている。ここで示されている逮捕は、「積極的逮捕政策」と呼ばれるもので、すでにこれを実施する国も存在する。積極的逮捕といっても、被害者の安全確保を第一に考え、法の支配にもとづく行動をすることも同時に満たす必要があるのは当然である

- ◉ 刑事裁判について
    - ◆ 訴追するかどうかはまず検察官が決めるのであって、その負担を被害者に負わせないこと
    - ◆ 暴力被害女性が法廷で証言する際、プライバシー確保を保障すること
    - ◆ 被告の防御方法は女性を差別するものであってはならず、名誉や挑発を理由に責任をまぬかれることを認めてはならないこと
    - ◆ アルコールや薬物摂取をした上で女性に暴力を振るった場合、刑事責任は免責されないこと
    - ◆ 裁判所は被害女性に対する加害者の接近の禁止など保護命令を出す権限を持つこと
    - ◆ 被害者やその家族を加害者からの脅迫や報復から守る措置をとること
    - ◆ 加害者を保釈したり、釈放したりするときには被害者の安全を考慮すること
    - ◆ 以下の4点の観点から、判決の内容は検討される必要があること
        - ＊加害者に、女性への暴力に関連する行為の責任をとらせること
        - ＊暴力的な態度をやめさせること
        - ＊加害者が被害者の家族である場合に、判決が被害者たちに与える影響について考慮すること
        - ＊他の暴力犯罪に匹敵するサンクション（制裁）とすること
    - ◆ 被害者に、加害者の釈放の情報を知らせること
        - ＊被害者の意見陳述を参考にしながら、判決言渡しまでの過程にお

いて被害の重大さを考慮すること
- 被害者を守るために、立法を通して法廷があらゆる種類の決定ができるようにすること
- 裁判官が、判決言渡しのときに被告人の処遇について勧告できるようにすること
- 加害者処遇のプログラムを開発し、評価すること
- 刑事裁判の進行中、終了後に被害者や証人の安全を確保すること

　こうした提案がなされている。これらの提案は、加害者に被害者にもたらした被害の大きさに等しい責任を取らせ、再発を予防すること、加害者の逮捕、起訴、裁判の終了後も常に被害者の安全を確保することという考えがその基礎にあることがうかがわれる。

　そして被害者に対する、特に法的支援について以下のことが提案される。
- 被害者に対し、権利や回復のための手段、裁判への参加について情報提供すること
- 暴力被害者の訴えを援助をすること
- 被害者が、加害者や国家から即時に公平な賠償を受けられるようにすること
- 法廷の仕組みや訴訟手続きが、被害女性にとって利用しやすいものであり、被害者のニーズに考慮するものであること、そして公平なものであるようにすること

　これらは、裁判が被害者にとって利用しやすいものであるべきであり、被害者の侵害された権利は回復されなければならないという考えにもとづくものである。この賠償については、加害者のみならず国家からも被った被害に対する賠償が得られるようになるべきだという非常に画期的な提案がなされている。最初の女性への暴力特別報告者であったラディカ・クマラスワミはその報告書の中で、DVを、国家が私人に差別目的で女性に暴力をふるうことを黙認するという特徴を捉えて「拷問に匹敵するもの」と判定した。被害者が正当な支援を求めたにもかかわらずそれに公的

機関が応じなかったために被害が増大したというような場合、その機関は被害者に対して一定の責任を負うべきである。そのことがこのモデル戦略に記されている。

●世界は何を目指そうとしているのか
──『女性への暴力防止・法整備のための国連ハンドブック』 (2009年) が示すこと

　このように、ナイロビ将来戦略から北京行動綱領、モデル戦略に至るまで、女性への暴力は重大な女性への人権侵害であること、女性を男性への従属的地位にいることを強制する重要なシステムであること、そして被害者を保護し、侵害された権利を保障すると同時に、加害者を処罰することができる法律を制定すること、その法律が適切に運用され、女性への暴力が予防できる対策を講じるための国内機構を創設すべきだということが指摘され続けてきたことがわかる。女性の地位向上部が中心となって、こうしたことをすべて満たす制度はどうあるべきかが検討され続けている。

　モデル戦略の後、2000年の北京＋5では、やはりDVや児童ポルノを含め、女性や子どもへのさまざまな形態の暴力をなくすための措置は、特に刑法領域の分野において、法的、立法的処置が弱い。暴力防止戦略も場当たり的かつ受身的であり、こうした問題に関するプログラムが不足している (14項) と指摘された。2006年には国連事務総長・女性に対する暴力報告書が出され、世界中の女性に対する暴力の実態が統計的にも明らかとされた。そして2008年に事務総長のイニシアティブにより「女性への暴力を終わらせよう (UNiTE END VIOLENCE AGAINST WOMEN)」というキャンペーンが開始された。このキャンペーンの目標の1つに、「2015年までにすべての国連加盟国が、国際人権規準にのっとって女性への暴力を処罰するための国内法を整備すること」がある。その実現を促進するために、女性の地位向上部がこのハンドブックを作成した。

　この『国連ハンドブック』は、女性への暴力の定義、被害者支援、処罰も含む加害者対応、裁判の進め方、予防対策、監視機関の設置などから構成されている。これらは、今まで提起され続けてきた女性への暴力に対応す

る包括的な法律であるために必要とされるものである。女性への暴力の定義についてはサバイバーの経験、実態を正確に反映できるように、そして支援の仕組み、裁判、被害者の賠償請求権、加害者への対応等々、すべての制度がサバイバーを中心に据えた上で設計されたものであり、その権利の回復が十分に図られること、そして加害者に相応の責任を果たさせることが配慮されている。以下これらについて順に概観してみよう。

①女性への暴力の定義

　DV、性的暴力、セクシュアル・ハラスメント、それぞれの定義に含まれるべきことが説明されている。まずDVについては、あらゆる形態の暴力が含まれる必要があるとして身体的、性的、心理的、経済的暴力があげられている。性的暴力は、明白で自発的な同意なく行われた性的行為で、サバイバーの人格的統合性（インテグリティ）と性的自律を侵害するもの。セクシュアル・ハラスメントは、性的な意味を含み、相手が望まないあらゆる言動が該当する。こうした定義が示されている。しかもセクシュアル・ハラスメントを犯罪にせよという。日本では職場や教育の場で、強かんや強制わいせつという犯罪に該当するものも含まれる。しかし他国では、強かんや強制わいせつといった犯罪には該当しないが、相手に不快感や不安感、恐怖感を与える言動として理解されている。それを犯罪とせよということだ。フランスがその実例の1つである。

②サバイバーへの支援

　これは大きく、相談（支援センター）、安全確保、生活再建支援に分けて見ることができる。

　〈1〉**相談（支援センター）について**——これに関する基本的な考え方は、一定人口当たりの設置数を定め、十分な予算を措置した上で、すべての地域で平等にサービスを利用できるようにするということだ。そしてハンドブックは支援センターとして、女性支援カウンセリングセンター、全国ホットライン、レイプ救援センターをあげる。前2者は、サバイバーが必要とすることは何か、そしてそれを提供できる機関はどこ

なのかなど、必要な支援にサバイバーをつなげる機能を持つものとして考えられている。残りのレイプ救援センターは、レイプ被害にあったときに、医療をはじめとしてそのときサバイバーに必要なサービスを早急に提供できるセンターである。それぞれの機関の設置数は、女性支援カウンセリングセンターが5万人に1カ所、レイプ救援センターは女性20万人に1カ所である。全国ホットラインは24時間、無料で提供されるべきとされる。

〈2〉**安全確保について**――サバイバーが暴力加害者から離れて、安全に生活するために支援することである。まず緊急一時保護施設（シェルター）の設置が必要であるが、これは1万人あたり1カ所とされている。つぎに保護命令である。日本のDV防止法は保護命令として、退去命令、接近禁止命令を持っている。しかしこれだけに限られるのではなく、『国連ハンドブック』は、緊急保護命令、サバイバーの生活費、医療費支払いの命令、加害者の位置をサバイバーが正確に知ることができる電子的監視装置なども必要としている。

〈3〉**生活再建支援について**――雇用継続支援、住居支援、経済的支援が必須事項とされている。

ここではとくに前2者について見ておこう。

雇用継続支援は、サバイバーが受けた暴力の影響によって雇用継続において何らかの困難があったとしても（通院、法廷への参加などを理由とする休暇取得が度重なるなど）、それを理由に解雇してはならないというものである。サバイバーの雇用の権利は保障されなければならないという視点によるものである。

住居支援は、暴力を受けたということを理由にアパートなどの賃借契約を解約することは許されないといった、居住の継続の確保という側面が1つ。もう1つは、暴力被害を受けたためにホームレスになったサバイバーへの居住を提供するものである。人間にとって住居は生きる基礎となる大切な場である。その確保を雇用の場合と同様、権利として保障するものである。

③裁判について

　最終的なサバイバーの権利の回復や確保は裁判所によってなされる。その意味において裁判はサバイバーにとってきわめて重要なものである。しかし、具体的なケースの解決を図る裁判官のジェンダーや女性への暴力に対する誤った理解、そしてジェンダーの視点がほとんどない現在の多くの法律によって、サバイバーが二次被害を受けることも少なくない。裁判所で加害者と顔を合わせないか、証言することが加害者からのさらなる加害をもたらさないかなどの不安もある。そもそも法律という市民にとってなじみの薄いものへの近寄りがたさ、難しさゆえに、裁判所に行くこと自体がためらわれたりする。そこで『国連ハンドブック』は、こうしたことを取り除くため、以下4つの考慮すべき点を記している。

　〈1〉**裁判所を利用しやすくするための方法について**──経済的理由で裁判に訴えられないサバイバーのために法律扶助制度を充実すること。適切でわかりやすい法律や裁判に関する情報提供を行うこと。無料で通訳や文書の翻訳を利用できるようにすること。弁護士の援助を受けられるようにすることが提案されている。

　〈2〉**裁判官の資質について**──ジェンダーに敏感な視点を持てるようにするために研修をうけることは当然のこととして、『国連ハンドブック』は女性への暴力を専門的に取り扱う専門法廷の設置を提案する。同様のことは警察と検察についても提案されている。つまり関係職員の能力の強化と、警察、検察にそれぞれ女性への暴力専門部局を設置するという提案である。

　〈3〉**裁判中のサバイバーなどの安全確保について**──自分が起訴されたことを知った加害者による報復からサバイバーを守ること。そして裁判所内で加害者と顔を合わせないようにするために、別々の出入り口や待合室を用意すること、法廷に出なくても一定の方法(宣誓供述調書や録音テープ)で証拠を提出できるようにすること。法廷に出る場合には、衝立やビデオリンクをできるようにすること。サバイバーの個人情報の保護や風評などの二次被害防止のため、報道制限できるようにすることが、サバイバーの安全を確保する方法として提案されている。

〈4〉レイプの証明に関して考慮すべき点について──この問題に関する最大の争点は、◉同意があったかどうか、◉サバイバーの過去の性的経験が暴露されること、◉密室(的状況)で起きることの多いレイプを証明する物的証拠を揃えることが困難であることをどう克服するのか、の3点である。『国連ハンドブック』の提案をそれぞれ見てみよう。

◉ **同意があったかどうか**──まず「同意」をどう捉えるかが問題となる。加害者に従わないとどうなるかわからないという「恐怖から」「仕方なく」「不承不承」同意したときでも、「同意があった」と認定され、レイプ(強かん)と判断されることは大変難しい。日本の裁判では本人が「いやだ」と相手に伝えながら性交された場合でも強かんには当たらないとする判決も存在する。このような「同意」を「消極的同意」という。『国連ハンドブック』は同意について、「明白で自発的な同意」とすべきと提案する。このような同意を「消極的同意」に対して「積極的同意」という。

次に同意があったかどうかはどのように認定されるのか。まず同意がなかったことを認定する状況として、加害者の力づくまたは暴力により性的暴行が行われたという「抵抗要件」や、性器が挿入されたという「挿入の証明」は排除されるべきであるという基本的な立場を『国連ハンドブック』は確認する。そして、同意の有無を判断する2つの方法を提案する。

1つ目は、サバイバーが積極的同意をしたかどうか、そしてそれを加害者が確認したかに関する証明を加害者に負担させようとする方法である。加害者がこれらのことについて証明することができなければ、同意はなかったこととなる。これまでは加害者を訴える側(刑事裁判であれば検察)が同意がなかったことを証明するのが通例である。この原則をひっくり返そうというのである。

2つ目は、サバイバーと加害者がいた事件当時の状況が、同意を強制される状況であったかどうかを認定し、そのような状況であったときは同意はなかったとする方法である。この「強制的状況」は、2人の間柄など、ある程度客観的な事柄から判断可能であろう。これら2

つの方法が実際に用いられている国の例もある。いずれにせよサバイバーの経験にもとづく、被害実態に即して同意の有無を判断しようとする視点からの提案である。
- **サバイバーの過去の性的経験**——性的経験が豊富な女性が被害者であるとき、彼女の性的経験を法廷で暴くことによって被害者は「ふしだらな女」であり「信用に足らない女」である、それゆえ「法律による保護に値しない女」であるという印象を裁判官らに与え、加害者を無罪とするためにこれまでとられてきた常套手段である。法廷でもこのように被害者を貶めるやりかたは、見過ごすことのできない、重大な二次被害以外の何ものでもない。こうした方法の問題性は世界中のサバイバーやその支援者たちが指摘するところである。ハンドブックはこうした方法をとることをやめることを提案する。これはよく「レイプシールド」といわれる。
- **物的証拠について**——現在の裁判のルールでは、ある事実を証明するための証拠として提示できることがサバイバーの証言だけであるときに、その証言を裏付ける証拠が必要であるとされている。この証拠を補強証拠という。『国連ハンドブック』はしかしながら補強証拠による証明の原則を不要であるとし、サバイバーの証言（供述）に信用性があるとの推定を働かせるというルールを提案する。これは刑事訴訟の原則に正面から抵触するものともいえる。しかし従来の原則は、レイプ被害者は嘘をつくものだという先入観にもとづくものでもあった。自らの性的経験が暴露されるかもしれないことをはじめとするさまざまな危険を背負いながら被害を届け、裁判に臨もうとするサバイバーが果たして「嘘つき」などであろうか。女性嫌悪と被害者への偏見でしかない誤った見方である。

〈5〉**加害者釈放、出所に関する情報提供**——このような状況になったことに関する情報提供が検察官からサバイバーになされる必要があることが提案されている。

④サバイバーが賠償をうける権利

　サバイバーは暴力被害を受けることによって、心身へのダメージを受

けたり、場合によっては職を失ったり、職場や学校に通えなくなってしまったり、転居を余儀なくされたり、といったさまざまな損害を被る。それは本来加害者によって賠償されなければならない。その提案である。なお『国権ハンドブック』は加害者に対する賠償だけでなく、サバイバーが公的機関やNGOに支援を求めているにもかかわらず、適切に応じなかったためにサバイバーが暴力被害を受けるなどの損害を被ったとき、その公的機関やNGOに対しても賠償請求ができるようにすべきだと提案する。

⑤**子どもの親権者、面接交渉について**

　子どもがいるカップルがDVを理由に離婚する場合、子どもの親権者や、加害者との面接交渉をどうするかは難問である。この点『国連ハンドブック』は、加害者を親権者としない、監護権も認めない。面接交渉権については、原則として認められないが、最後の暴力行為から3カ月経過していること、あらゆる暴力行為をやめていること、そして加害者が更生プログラムに参加していれば、加害者に面接交渉権が認められるとする。離婚後の共同親権の実現が検討されている日本で、この提案はその際の重要な視点を示すといえる。

⑥**加害者への対応について**

〈1〉**逮捕、起訴**——通報を受けて現場に駆けつけた警察官が加害者であると認識した者を必ず逮捕しなければならないという義務的逮捕政策を取り入れること、そして検察官は必ず加害者を起訴しなければならないという義務的起訴政策を取り入れることが提案されている。こうした政策を実施している例もある。これらの国々の経験は、かなり訓練を受けた警察官でないと、誤って被害者を「加害者」として逮捕してしまう弊害が発生することを教えている。いずれにせよ警察、検察が女性への暴力に対して適切に介入することは必要不可欠なことである。この前提に立ち、どのような逮捕政策、起訴政策をとるかは、いわば試行錯誤の中で探求してゆくべきことであろう。

〈2〉**非親告罪**——ハンドブックは、加害者を起訴するかどうかの責任は

サバイバーでなく、検察官が負うべきである、つまり女性への暴力を非親告罪とすることを提案する。性犯罪を非親告罪とする国は多く存在する。訴訟の開始、進行、あるいは取下げなどについてサバイバーの意思が反映されないという問題が指摘されつつも、告訴したことで加害者側から告訴取下げなどをめぐって新たな攻撃を招くといった弊害が除去されるなどの効果もあり、むしろ親告罪とする国の方が少ない。

〈3〉**刑罰**――加害者がサバイバーに与えた被害の大きさに等しい刑罰が課されなければならない。これは当然のことであるが、女性への暴力についてはこれまで加害者と被害者が夫婦であれば免責されたり（たとえば夫婦間レイプは成立しないなど）、レイプ加害者が後に被害者と結婚すれば免責されるといった例が数多く存在した。『国連ハンドブック』はこうした例外は一切認めるべきでないと、当然のことを当然のこととして提案する。

またDVについては、その罪を繰り返し犯す者や、保護命令違反を繰り返す者に対しては、通常より重い罰を科すことも提案されている。

〈4〉**サバイバーへの賠償**――既に④で説明した、サバイバーに加害者への賠償請求権が認められるべきだとすることに対応する加害者の責任である。

〈5〉**再教育プログラムの受講**――加害者の処罰の内容にプログラム受講義務を入れること、そのプログラムはサバイバー支援者との協力により運営すべきこと、もしこのプログラム参加が刑罰を受けることの代わりに行われるものであるときは（ダイバージョンであるときは）、司法当局による実施状況のモニターのもとに実施され、それが処罰としての意味のあるものとされる必要がある。またプログラムの内容は慎重に見直される必要があると提案する。

⑦**予防対策**

市民向けに啓発活動をし、子どもたちに対してはジェンダー平等教育の実施が提案されている。ジェンダー平等教育が必要とされるのは、女性への暴力を、女性差別の原因であり結果であるという分析から当然の帰結である。またメディアに対しても、女性への暴力に関する意識向上を図

ることが提案されている。性に関する暴力的な表現や、ジェンダーステレオタイプな表現が現在のメディアにはあふれかえっている。こうした現状を変えることも、女性への暴力予防の1つの重要な鍵である。

⑧モニター(監視)機関の設置

女性への暴力の実態を把握するための調査を実施し、その結果を踏まえて国内行動計画や戦略を立案する。それらの取組み、進捗状況を監視し、定期的に議会に報告、法改正を提言する。必要なときには関係機関への是正措置も取れるような、省庁横断的であり、しっかりした予算と権限が付与された機関の設置が提案されている。

以上、『国連ハンドブック』の提案の中の主要項目について概観した。理想的な提案がいくつもなされていることがわかる。日本の現状を見たとき、こんなことが実現できるのかと疑問を禁じ得ないかもしれない。しかしこの提案は、世界で実際に実行されている「事例」にもとづくものである。つまり現実にこうした制度が確かに実行されているということである。わたしたちがつぎに考えなければならないのは、日本をそのような国の1つにするためにはどうしたらよいのかである。

3. 日本の課題

ここでは、『国連ハンドブック』の提案や国際人権基準と比較したときにみえる日本の課題は何かを検討しよう。最初に、女性差別撤廃委員会など、各種国連人権条約委員会から出された日本の「宿題」を確認する。2番目に、第3次男女共同参画基本計画・第9分野「女性に対する暴力」を分析し、3番目に、法整備の道すじを検討する。

①日本の「宿題」

最近の委員会総括所見において改正などを勧告された事柄のうち、『国連ハンドブック』の提案に関連する事柄は以下のとおりである。

〈1〉第44会期女性差別撤廃委員会最終見解（2009年）CEDAW/C/JPN/CO/6
- 女性への暴力被害者が相談できる24時間無料のホットラインの開設（勧告）
- 警察官、裁判官が関連法規について熟知し、女性へのあらゆる形態の暴力に敏感であることや被害者に適切な支援を確保すること（要請）
- 刑法において、性暴力犯罪が依然としてモラルに対する罪とされていることを懸念
- 親告罪であることを懸念
- 強かん罪の罰則が依然として軽いことを懸念
- 近親かんおよび配偶者強かんがはっきりと犯罪とされていないことを懸念
- 非親告罪化（勧告）
- 身体の安全および尊厳に関する女性の権利の侵害を含む犯罪として性犯罪を規定すること（勧告）
- 強かん罪の罰則を重くすること（勧告）
- 近親かんを個別の犯罪として規定すること（勧告）

〈2〉第94会期国連人権委員会・自由権規約委員会最終見解（2008年）CCPR/C/JPN/CO/5
- セクシュアル・ハラスメントの犯罪化（勧告）
- 刑法177条における強かんの定義の範囲を拡大する（同）
- 男性へのレイプを深刻な犯罪として扱う（同）
- 近親かんを深刻な犯罪として扱う（同）
- 抵抗要件の廃止（同）
- 非親告罪化（同）
- 裁判官、警察官、検察官、刑務官に対するジェンダー・トレーニングの義務付け（同）
- 性交同意年齢の引上げ（同）

〈3〉第38会期拷問禁止委員会最終見解（2007年）CAT/C/JPA/CO/1

- 強かん行為が、男女の生殖器による性交渉のみに適用され、男性被害者へのレイプなど、その他の形態による性的虐待を除外する限定的なものであることを懸念
- トラフィッキング（人身売買）被害者が不法滞在者として取り扱われ、救済措置をとられることなく国外に強制送還されることなどを懸念
- 駐留外国軍を含む軍関係者による女性および少女への暴力を防止し、加害者を訴追するための効果的な施策が不足していることを懸念

〈4〉第29会期女性差別撤廃委員会最終見解（2003年）CEDAW/C/SR/SR.617 and 618
- 強かんへの罰則強化（勧告）
- 近親かんを個別の犯罪として刑罰法令に定めること（勧告）
- 暴力の防止、被害者への保護、支援の実施（要請）

②第3次男女共同参画基本計画・第9分野「女性に対するあらゆる暴力の根絶」について

　これは昨2010年12月に閣議決定された、2011年より向こう5年間にわたって実行される計画である。この中の第9分野が「女性に対するあらゆる暴力の根絶」である。この基本的考え方と、DV、性犯罪、セクシュアル・ハラスメントに関する「施策の基本的方向」は以下のとおりである。

　〈1〉**基本的考え方**——女性への暴力は、犯罪となる行為をも含む重大な人権侵害であり、その回復を図ることは国の責務であるとともに、男女共同参画社会を形成していく上で克服すべき重要な課題である。特に、インターネットや携帯電話の普及により、女性への暴力は多様化してきており、こうした課題に対しては、新たな視点から迅速かつ効果的に対応していくことが求められる。

　また、子ども、高齢者、障がい者、外国人などはそれぞれ異なる背景事情や影響を有していることから、これらの被害者の支援に当たってはさまざまな困難を伴うものであることにも十分配慮し、暴力の形態や被害者の属性などに応じてきめ細かく対応することが不可欠となっている。

こうした状況を踏まえて、女性への暴力を根絶するため、社会的認識の徹底などの基盤整備を行うとともに、配偶者からの暴力、性犯罪など、暴力の形態に応じた幅広い取組みを総合的に推進する。

〈2〉**DV**——配偶者からの暴力の被害者に対する支援などに当たっては、中核としての役割を担う都道府県と最も身近な行政主体である市町村が、適切な役割分担と相互連携の下に、各種の取組みを効果的に実施する。被害者支援については、相談体制の充実を図るとともに、都道府県および市町村の関係機関との連携を核としつつ、民間団体を含めた広範な関係機関の参加と連携協力の下、被害者の保護から自立支援に至る各段階にわたり、被害者の置かれた状況や地域の実情に応じた切れ目のない支援を行う。また、配偶者からの暴力の防止および被害者の保護に関する法律（平成13年法律第31号。以下「配偶者暴力防止法」という）については、制度・運用の両面について、実態に即した見直しも含めて取組みの充実・強化を図る。

〈3〉**性犯罪**——性犯罪被害者が、被害を訴えることを躊躇せずに必要な相談を受けられるような相談体制、および被害申告の有無にかかわらず被害者の心身回復のための被害直後および中長期の支援が受けられる体制を整備するとともに、被害者のプライバシーの保護および二次被害の防止について万全を期する。近親者ら親密な関係にある者や指導的立場にある者による性犯罪などの発生を防止するための取組みを強化するとともに、関係法令の見直し、効果的な再犯防止策などについて検討する。

〈4〉**セクシュアル・ハラスメント**——雇用の場におけるセクシュアル・ハラスメントについては、男女雇用機会均等法にもとづいて企業への指導などを徹底するとともに、教育・研究・医療・社会福祉施設やスポーツ分野などにおいても、被害の実態を把握し、効果的な被害防止対策を講ずる。セクシュアル・ハラスメントの行為者に対しては厳正に対処し、再発防止策を講じるとともに、被害者の精神的ケアを強化する。

③改正への道すじを検討する

　「宿題」の状況を見ると、異なる時期に、異なる委員会から、同様の勧告を受け続けている現状を知ることができる。これは女性への暴力に関する国際人権規準にしたがった改正や運用改善をしないまま、現状が放置され続けているということを意味する。

　第3次基本計画が、女性への暴力を「犯罪となる行為をも含む重大な人権侵害であり、その回復を図ることは国の責務であるとともに、男女共同参画社会を形成していく上で克服すべき重要な課題である」と認識するのは一定程度評価できよう。しかし基本計画は加害者処罰や賠償責任を含む加害者対応についてはいぜんとしてそれほどの書き込みがなく、どちらかというと、被害者支援（相談や生活再建支援）に重点を置いている。とはいうものの、サバイバーにとって利用しやすい裁判のありかた、新たな保護命令の創設、DVにおけるこどもの位置付け、とくに離婚後の親権者や面接交渉権のあり方、養育費確保の方法をどうするか——こういったことが検討課題として明記されていない。セクシュアル・ハラスメントは、国連からその犯罪化が勧告されているにもかかわらず、「効果的な被害防止対策を講ずる」とし、サバイバーへの対応としては「精神的ケアを強化する」にとどまる。職場や教育の場におけるセクシュアル・ハラスメントのサバイバーは、確かに精神的なケアを必要としないわけではない。しかしそれだけではなく、職場で働き続けること、教育を受けること、研究を続けること、損なわれたことを回復すること、賠償がなされること、そして加害者が処罰されることも望む。このようなことは、セクシュアル・ハラスメントのサバイバーや支援者たちが10年以上にわたって指摘し続けてきたことだ。雇用機会均等法は、セクシュアル・ハラスメントへの措置義務を規定するようになった。けれどもこの規定はいまだに賠償請求の根拠とはならないと解釈されている。これらの問題点が基本計画では検討課題にもなっていない。

　結局、基本計画の女性への暴力への対応姿勢は、女性への暴力は犯罪ともなりうる重大な人権侵害だといいながら、サバイバーの相談にのり、精神的なケアをほどこしながら、何とか生活を再建できるようにする範囲で支援しようというポーズでしかないようにさえ見える。『国連ハンド

ブック』の提案と比較したときに、その目指す内容の違いを痛感せざるをえない。

　同時に、国連からの「宿題」に誠実に取り組もうという姿勢も見られない。しかしながら1つ、「一筋の光」とでも言いうる注目すべき点がある。それは性犯罪対策の中に、「女性に対する性犯罪への対処のため、平成16年の刑法改正の趣旨も踏まえ、関係諸規定を厳正に運用し、適正かつ強力な性犯罪捜査を推進するとともに、適切な科刑の実現に努める。さらに、**強姦罪の見直し（非親告罪化、性交同意年齢の引上げ、構成要件の見直し等）など性犯罪に関する罰則の在り方を検討する**」（太字は筆者による）という言葉が入ったことだ。この言葉は、日本の「宿題」を『国連ハンドブック』の提案に則る内容で実行する、つまり刑法改正を図ろうとするときに、重要な意味をもつ。「性犯罪の罰則の在り方を検討する」というのは、この他に、2010年4月公訴時効が改正された際の付帯決議にも記されている。基本計画と国会付帯決議双方に記されたということは、政治的に大きな意味がある。さらに政府は第3次基本計画の「基本的な方針」において、「女子差別撤廃委員会の最終見解における指摘事項について点検するとともに、……国際的な規範・基準の積極的な順守や国内における実施強化などにより、国際的な概念や考え方（ジェンダーなど）を重視し、国際的な協調を図る」と宣言する。改正への入り口が用意されたといっていいだろう。

　それではどのように改正を実現したらよいのか。その入り口をどう開くか。『国連ハンドブック』はその手順のチェックリストを4に記している。それによれば、まず「**到達目標を明確にする**」、次に「**カギを握る人たちと協議する**」、そして「**証拠に基づくアプローチにより法案を作成する**」（太字は筆者による）。性犯罪をめぐる最近の状況を見てみれば、一定の性犯罪が裁判員裁判の対象となったことにより、被害者の個人情報をはじめとするプライバシー保護の問題、二次被害防止のあり方、量刑の問題などが公然と議論されるようになった。やっと多くの人に、女性への暴力の実態やそれへの対応の問題点が、たとえそのごく一部であれ、見えるようになってきたのだ。世論や社会の意識においても、国会付帯決議と基本計画にある『性犯罪に関する罰則の在り方を検討する』という言葉を現実化する非常によい時期を迎えているといえる。

到達目標は、刑法などの性犯罪規定の改正である。そのために、サバイバーの意見に耳を傾け、支援者や法曹関係者、研究者が有する、性犯罪対応方法などに関するさまざまな経験、知見、情報を集積し、わたしたちがほしい性犯罪規定を書いてみる。そのとき「子どもへの性犯罪について」も、そしてその特性を踏まえた規定を書くことも忘れてはならない。『国連ハンドブック』には残念ながら「子ども（女子）被害者」への対応に関する提案が見当たらない。これについては昨2010年実施された国連・子どもの権利委員会総括所見 (特に「子どもの売買、子どもの買春、子どものポルノグラフィに関する選択議定書」) の日本に対する勧告が参考とすべき重要な文書である。
　2015年までに「性犯罪の罰則の在り方の検討」という論点がどうなっているか。今後5年間にわたる政府の姿勢とともに、わたしたち市民の力も試される。

4. おわりに

　『国連ハンドブック』の提案は、世界の「事例」にもとづくものだ。「事例」は、決して偶然、突然のように現れたものではない。サバイバーの声に耳を傾け、支援活動を図ってきた運動の成果である。女性への暴力に関する「好事例」を持つ国の運動を見ると、サバイバー支援活動に、法曹関係者、研究者も加わり、ともにさまざまな活動を展開している。広く多くの人を運動に巻き込むために工夫された活動（男性が男性に呼びかける運動など）が存在し、厚みと幅のある活動が展開されている。世界の女性運動の成果に学びながら、さまざまな場所、人に蓄積されている経験や知見をうまくつなぎ合わせよう。2015年、第3次基本計画の終了年までに、国内法の整備という国連が立てた目標が実現できるようでありたい。

＊1…日本でも、2009年4月に最高裁で逆転無罪となった車内痴漢事件をきっかけに、物的証拠の確保など初動捜査を徹底することが警察内部で確認されたりした。
＊2…CRC/C/OPSC/JPN/CO/1。日本語訳は平野裕二によるhttp://www26.atwiki.jp/childrights/pages/15.htmlを参照のこと。

あとがき　こんな法律がほしい！

ステップハウス設立10年──
『女性への暴力防止・法整備のための国連ハンドブック』
出版にあたって

東海林路得子

単身女性の自立支援

　2000年10月、一色義子さんと柿澤路得子さんの努力、および日本キリスト教婦人矯風会のサポート、そして趣旨に賛成したボランティアたちの働きにより設立されました。

　スタッフを始め多くの方々の支援のもとに今日まで続けることができ、感謝しています。

　ステップハウスの主な目的は単身者女性の生活再建の支援です。この10年間サポートしてくれたスタッフによると、設立当初からDV被害者の利用があったということです。利用するうえでのルールや注意書きなど、さまざまな面で利用者が、自ら考えて作り出したので、今よりも家族的な雰囲気があったということでした。

　夜はやはり利用者だけでは不安だという意見があったため、宿直制度が作られました。最初はパートタイムで構成されていたスタッフに、フルタイムのスタッフが1人入り、大きな力を発揮してくれるようになりました。人手が足りないので、会計スタッフも、力仕事を始め電話を受けるなどいろいろ手伝わなければなりませんでした。ステップハウスの運営委員始め矯風会の会員が献金や、「季節の花を画いた絵ハガキ」を売るなどして経済的な面で支えました。

　スタート以来、赤字にならないことばかりを祈っている状態でしたが、バザーやコンサートなどで運営費を補い、さらに、さまざまなところからの助成金で施設を整えることができました。当時は、もともと古い建物なので、内部は薄暗く、家族から逃れてきた利用者は、どんなにみじめな思いをしたことかと思います。今では若いフルタイムスタッフが2名となり、パートタイムが3名という「大所帯」となりました。

利用者のニーズに応えて

　利用者もDV被害者ばかりでなく、年齢も15歳から70歳代まで、さまざまな事情による女性の利用が今日まで続いています。最初は40歳以上の方が多く、子どもが大きくなるまでと我慢していた人たちが主だったように思います。2001年に、DV防止法が制定されると、若い人たちの利用も見られるようになりました。しかし、滞在期間が6カ月ではなかなか傷が癒えない方もいます。その様子を見た私たちは、さらに1年滞在できる

場所を作り、そこから通勤を始めたり、資格をとったり、作業所に通って社会生活の準備をしたりしながら、法的解決を進めるなどできるようにしました。

その結果、当初は、12人定員だったのが、現在では18人が利用できるようになるまでに設備が整えられました。しかし、そのためにスタッフは忙しくなり、その上、自分たちの給料などを含む運営を支えるための経済的な基盤により一層配慮しなければならなくなりました。利用者のニーズに応えるためには、絶えざる研修やサポートの時間が必要です。そして利用者の抱える問題は、社会的な影響を受けて変化してきますので、複雑さを増してきています。

どこにも自分の居場所が見つけられず、いろいろなところを転々とさせられた挙句、来られる人も多く、ご本人も恐らくそのたびに絶望感を深めているのではないかと想像されます。退所してからも、直接あるいは電話で相談される人もいます。行政から見落とされてしまっている人たちへの対応を迫られたりもしています。引っ越した先で受け入れ態勢ができていないために、支援の手につながりにくい人、あるいは、働く場所がなく家にもいられずに都会に出てきて、生きるために受けたさまざまな傷を負った人、とくに性暴力の被害を受けた女性たちや、家族からの虐待で経済的精神的に傷ついている人たちは、孤立感が相当強いのではないかと想像されます。

それだけに、シェルターであり、しかも温かい人間関係を築こうとしているステップハウスのような中間施設は必要ですが、民間のぎりぎりのスタッフと予算によって運営しているところでのサポートには、限界があります。私たちとしても、十分な支援ができないまま送りださなければならないこともあって、つらい思いをすることが少なからずありました。ステップハウスのような施設が、東京都に1つしかないとは何と悲しく貧しいことでしょう。しかも現在は、千葉、埼玉、神奈川から利用する人がいるのです。

ステップハウスにはこれまで330人（6カ国17人の外国人を含む）ほどの利用者がありました。最長利用者は2年5カ月でした。また平均するとこれまで一番多い年齢層は40代でしたが、2011年は20代が最も多くなっています。そして印象としては、若い人ほど、ダメージが重いように見受けら

れます。私たちの力だけでは手を尽くしきれない要素があり、保健師、病院の医師やケースワーカー、作業所のケースワーカー、弁護士、福祉事務所など様々な専門家との協力なしには十分なサポートできないという状態が続いているというのが現代です。

ステップハウス10周年

　さて、ステップハウスでは10周年を迎えるにあたり、2009年に国連で発行された『女性への暴力防止・法整備のためのハンドブック』を翻訳出版することになりました。これを見てまず驚いたことは、いかに多くの国々で、女性たちが人権を守るために闘って法を整備してきたかということでした。私たちが学ばなければならない、また羨ましいと思う法律が多くの国で作られています。

　日本でも「DV防止法」が2001年に法制化されました。これは日本の女性人権史に記録されるべき、市民の力で作った貴重な法です。そして数年後に、精神的暴力が認められ、あるいは、加害者にたいする退去命令の期間が長くなるなど、多少の改正が見られました。

　しかし、これらの法が、女性たちの人権を守るために本当に有効活用されているかというと、不十分の感が否めません。私たちの現場では、信じられないような不当な対応が行政や司法界、裁判官・検事・警察・弁護士にも見られるのです。

　『国連ハンドブック』を読んでみますと、「こうなったらいいのに」と、いつも思っていることがたくさん書かれており、しかも丁寧に説明されていて感動しました。とくに保護命令は非常に学ぶべきことが多いと感じました。そこで、ぜひとも多くの皆さまに知っていただきたいと思い、今回翻訳発行を計画したのです。

手をつないで歩き続けましょう

　人と人との関係は、社会が変化するとともに変わり、決して私たちが満足できるような「成果」といったものを見ることはできないでしょう。また、問題が複雑になるにつれて、学問的に解明されることが増え、専門性も必要になってくることも事実です。しかし、女性の人権問題にかかわる場合、専門家はその知識の多さや専門性ゆえに、むしろ被害者との間に距

離を生じ、管理し分析する対象とし、二次被害を与えてしまうという危険性もはらんでいます。利用者の支え手から、支配あるいは管理するものへと変わっていき、しかもそのことに気づかないまま支援しているつもりになっているという危険性を常に抱えています。

　支援施設は、支援を必要とする人たちとの出会いという貴重な場を与えられています。彼女たちと出会うことにより、人間としての関係を築くことができ、利用者とともに、あるいは利用者に学びながら、共生社会の実現に少しでも役に立つことができればと願っています。小さな出会いと関係性をたくさん作ることが、現在もっとも必要とされていることではないでしょうか。

　『国連ハンドブック』の事例は、一人一人と丁寧に関わることが、人々を支える法を作る契機になるのだということを教えられ励まされるのです。さらに、日本における内閣府男女共同参画第三次計画も非常に具体的で、わかりやすい内容になっています。この「計画」を女性の人権問題にかかわるすべての人々にどれだけ身近なものにしていくのかが私たちの課題です。「法」は裁いたり、制限したりするためにだけあるのではなく、「人」が「人」として生きていくうえでどのように用いられるか――それ次第で、多くの人々に新たな希望を与えるものになるのです。

　「私たちはここまで来た！」のでこれからも安心して住める社会を作るために「手をつないで」歩き続けましょう！！

　最後になりましたが、本書の出版に漕ぎつけるには梨の木舎をはじめとして、多くの方々のご協力がありました。お礼申し上げます。

2011年3月18日　　　　　矯風会ステップハウス所長　東海林路得子

- ●この翻訳の最終責任は、ステップハウスにあります。法律になじみのない人たちに理解してもらえるようにと考えながら、編集にあたりました。多くの方に活用していただければ幸いです。
- ●この『国連ハンドブック』は、弁護士や研究者の方々により信山社からも出版されます。ご参照ください。

- ・矯風会ステップハウスのご案内――さまざまな理由で居所を失った女性のための宿泊所です。個室の管理をはじめ、自分の責任で助け合って暮らす共同生活です。施設にはソーシャルワーカーやアドヴォケーター（情報提供の他、気持ちの整理をする際に助言する人）がいます。
- ・食事は各自、自炊となります（キッチンは共同使用）。宿泊費は１泊2200円、光熱費は１日150円。
- ・皆さまの支援によって運営しています。寄付は以下の郵便振込みへお願いします。
　加入者名「矯風会ステップハウス」　00130－8－564245

付表①女性への暴力防止のための国連ハンドブック

女性への暴力の定義

ＤＶ	・身体的、性的、心理的および経済的暴力を含む包括的な暴力 ・婚姻、未婚、同性間、同居していない者を含む親しい関係に現在ある、またはこれまでにあった個人、互いに家族関係にある個人、同一世帯のメンバーである者
性的暴力	明白で自発的な同意なく行われた性的行為であり、身体の人格的統合性（インテグリティ）と性的自律を侵害するもの
セクシュアル・ハラスメント	差別の一形態であり、健康上及び安全上の影響を伴う女性の人権を侵害する犯罪である 雇用、教育、商品やサービスの受け取り、スポーツ活動、財産取引を含む平等または上下の関係における、性的意図のある歓迎されないふるまい 身体的行為、口説き、性的交際の強要や要求、性差別的発言、性的露出のある写真、ポスター、絵の提示、その他の性的要因を含むあらゆる身体的、言語的、非言語的行為を含む

加害者への対応・サバイバーへの対応

加害者への対応	サバイバーへの対応		
	支援センター ・すべての地域で平等にサービスを利用できるようにすること ・十分な予算措置を義務化		
	女性支援カウンセリングセンター	5万人当たり1ヵ所	
	全国ホットライン	24時間、無料	
	レイプ救援センター	女性20万人当たり1ヵ所	
	医療サービス		
	ワンストップサービスセンター		

逮捕	裁判	安全確保	生活再建支援
積極的逮捕政策 義務的逮捕政策 **起訴** 積極的起訴政策 義務的起訴政策 非親告罪 **犯罪構成要件（レイプ）** ・抵抗要件の廃止 ・明白で自発的な合意の存在および加害者がサバイバーの同意を確認したステップの証明を加害者に求める または ・行為が強制的な状況の下で行われたことを要件とし、その強制的な状況を広く定義する	**使いやすさの確保** 法律扶助 情報提供 通訳 弁護士 法廷補助者 迅速な手続き 話し合い解決の禁止 虚偽供述の不処罰 非親告罪 **安全確保** 宣誓供述書や録音テープを証拠とできる 衝立、ビデオリンク等の活用 加害者との相対を避ける 二次被害防止	**緊急一時保護** 1万人あたり1か所 **保護命令** 緊急保護命令 接近禁止 退去命令 扶養料等の支払い命令 加害者の電子的監視命令 **こども** 監護権：加害者には認めない 面接交渉権： ・最終の暴力行為から3カ月経過していること、あらゆる暴力行為をやめていること、加害	**全般** ステップハウス 経済的支援 居住支援 就労支援 **移民女性** 法的地位 在留許可など

量刑 ・犯罪の程度に見合った科刑であること ・DVの再犯者、保護命令違反の累犯者には刑を加重する ・サバイバーのタイプ（職業など）に左右されない **賠償** サバイバーへの賠償 **再犯防止** **再教育**	被害申し立ての遅延を不利益としない レイプシールド 報道制限 **犯罪構成要件（レイプ）** ・抵抗要件の廃止 ・明白で自発的な合意の存在および加害者がサバイバーの同意を確認したステップの証明を加害者に求めるまたは ・行為が強制的な状況の下で行われたことを要件とし、その強制的な状況を広く定義する 補強証拠の原則の廃止 **賠償** 対加害者 対第三者 **釈放、出所後** 情報提供 安全確保	者更生プログラムに参加していることが必要 ・こどもの意思に反する面会は認められない	

第三者の対応

関係機関職員	・能力強化 ・警察：専門部局の設置 ・検察：専門部局の設置 ・裁判所：専門法廷の設置 ・法律に違反した関連機関への制裁
市民	・予防啓発 ・ジェンダー平等教育
メディア	・女性への暴力についての意識向上
モニター機関	・女性への暴力についての国内行動計画や戦略をつくり、その実行状況を監視し、定期的に議会に報告する。 ・データ収集 ・必要に応じた法改正の提言

付表②女性への暴力・法整備の日本の宿題

(1) 性犯罪について	
・被害者、加害者の性別制限をしない	
・「暴行又は脅迫を用いて」を削除する	
・被害者の抵抗を犯罪成立の要件から外す	
・性交同意年齢の見直し	
・非親告罪とする	
・法定刑の引き上げ	・強かん罪(3年以上の有期懲役)→見直し ・強制わいせつ罪(6月以上10年以下の懲役)→見直し ・集団強かん罪(4年以上の有期懲役)→見直し
・マイノリティ、公務員による性暴力(性犯罪)(特別公務員暴行陵虐罪)、米軍基地関係者による性暴力(性犯罪)	
・挿入行為の類型を多様化させる	
・近親かん	
・夫婦間強かん	
・セクシュアル・ハラスメント罪	
(2) 被害者保護について	
・関係機関職員に対する人権、ジェンダー・トレーニング	
(3) 予防対策について	
・予防・啓発	

国連の見解	日本政府の見解・動き
・国連より勧告or懸念 ・『国連ハンドブック』の提案	
・国連より勧告or懸念 ・『国連ハンドブック』の提案	
・国連より勧告or懸念	
・国連より勧告or懸念 ・『国連ハンドブック』の提案	
・国連より勧告あり ・『国連ハンドブック』の提案 　・被害の大きさと見合った判決であること 　・ＤＶについて、反復性の見られる者については厳しくする	・「強姦罪の法定刑(注・当時はまだ下限が2年だった)の下限を3年に引き上げるなど、他の凶悪犯罪との均衡も考慮しつつ、法定刑の引き上げを検討するべきである。(H16. 女性に対する暴力専門調査会『女性に対する暴力についての取り組むべき課題とその対策』)
・国連より勧告あり	
・国連より勧告or懸念 ・『国連ハンドブック』の提案	
・国連より勧告or懸念 ・『国連ハンドブック』の提案	・児童に対する性的虐待については、被害者が訴え出ることが困難であるというその特性にかんがみ、強姦罪等とは別の処罰規定を設けるよりも、むしろ、悪質な事案につき厳正に対処して加害者を処罰するために、まずは事案の顕在化を促すことを第一に考えていくことが必要である。(H16. 女性に対する暴力専門調査会『女性に対する暴力についての取り組むべき課題とその対策』)
・国連より勧告or懸念 ・『国連ハンドブック』の提案	・(レイプは)刑法において、強かん罪、強制わいせつ罪等により、犯罪とされております。夫婦や親子、兄弟など、加害者と被害者に親族関係があるかどうかに関係なく、レイプは犯罪とされております。また、女性が男性に対して行ったレイプについても、刑法により処罰されることとなっております。(法務省刑事局・国連拷問禁止委員会第1回日本政府報告書審査審議録、07.05.10)
・国連より勧告or懸念 ・『国連ハンドブック』の提案	
・国連より勧告or懸念 ・『国連ハンドブック』の提案	
・国連より勧告or懸念 ・『国連ハンドブック』の提案 ・暴力防止教育 ・ジェンダー平等教育 ・法知識 ・性教育 ・一般啓発	

付表①②　作成・柳本祐加子

索引──女性への暴力防止法・各国の事例

ア　行

アメリカ合衆国「Fauziya Kassinja, 21 I. および N. Dec. 357」事件……………… 108
アメリカ合衆国「国際結婚仲介業者規制法」(2005年) ……………………………… 070
アメリカ合衆国「個人責任と就労機会調停法」(1996年) ……………………………… 037
アメリカ合衆国「女性への暴力および司法省再編法」(2005年) ……………… 066, 082
アメリカ合衆国「女性への暴力防止法」(1994年) ………………………… 039, 068, 086
アメリカ合衆国「被害を受けた女性サーマンがトリントン市を訴えた事件」
　(595 F. Supp. 1521 D. Conn. 1984) …………………………………………… 104
アメリカ合衆国「部族法および規定案」(2008年) …………………………………… 035
アルバニア「家族関係における暴力に対する措置法」(2006年) ……… 040, 047, 090
イギリス「DV特別規則」………………………………………………………………… 069
イギリス「DV犯罪および被害者法」(2004年) ………………………………………… 096
イギリス「家族法」(1996年) …………………………………………………………… 090
イギリス「強制的婚姻(市民保護)法」(2007年) ……………………………………… 087
イギリス「性犯罪法」(2004年) ………………………………………………………… 054
イギリス「犯罪被害補償法」(1995年) ………………………………………………… 100
イギリス貴族院「女性R対入管上訴裁判所(シャー型事件 [1999] 2 AC 629)事件」
　DVによる難民申請に関して、画期的な判断(1999年) ……………………… 108
イタリア「家庭内における、性的指向・性別およびその他の要因による
　個人への差別の予防および抑制についての措置に関する法案」……………… 059
イタリア「金融法」(2007年) …………………………………………………………… 047
インド「DVからの女性の保護法」(2005年) ……………………………… 050, 060, 090
インド最高裁「ヴィシャカおよびその他対ラジャスタン州およびその他事件」
　(AIR 1997 S.C.3011) ……………………………………… 056, 059, 077, 080, 081
インド「持参金殺人」を処罰する刑法第304B条 …………………………………… 050
インド「証拠(改正)法」(2003年) ……………………………………………………… 086
インド最高裁「鉄道委員会委員長対チャンドリマ・ダス事件」
　(MANU/SC/0046/2000) ……………………………………………………… 104
インドネシア「DVの根絶に関する法律」(2004年法律第23号) …………………… 052
インドネシア「大統領令」第181/1998 ………………………………………………… 046
ヴェネズエラ「女性と家族への暴力に関する法律」(1998年) ………………… 044, 059
ウルグアイ「DVの防止・早期発見・監視および根絶に関する法律」
　(2002年) ……………………………………………………………………… 038, 046
ウルグアイ「刑法」第116号改正(2006年) …………………………………………… 098
オーストラリア「社会保障法」第1061JA条改正(2006年) ………………………… 066

オーストラリア・ニューサウスウェールズ州「刑事手続法」(1986年) ……………… 086
オーストラリア・ニューサウスウェールズ州「差別禁止法」(1977年) ……………… 056
オーストリア「刑事手続法」は2006年 …………………………………………… 036
オーストリア「刑法」改正(2006年) ……………………………………………… 073
オーストリア「暴力保護法」 ………………………………………………………… 063
オランダ「外国人法実施ガイドライン暫定補遺」(TBV 2003/48) ……………… 069
オランダ「保護命令に関する法案」 ………………………………………………… 040

カ　行

ガーナ「DV防止法」(2007年) ……………………………… 067, 072, 080, 088, 090, 092
カナダ「移民法」(2002年) …………………………………………………………… 068
カナダ「刑法」 ………………………………………………………………………… 054
グアテマラ「女性殺害および女性へのその他の暴力に関する法律」(2008年)
　…………………………………………………………… 033, 047, 058, 063, 078, 100
グルジア「DVの根絶および被害者の保護と支援に関する法律」(2006年) ……… 095
ケニア「公務員倫理法」(2003年) …………………………………………………… 056
ケニア「雇用法」(2007年) …………………………………………………………… 056
ケニア「性犯罪法」(2006年) ……………………… 038, 043, 056, 075, 079, 081, 082
コスタリカ「女性への暴力の処罰に関する法律」(2007年) ……… 032, 044, 101, 098

サ　行

スウェーデン「Kvinnofrid (女性の安全)」規定(1998年) ………… 034, 036, 053, 098
スウェーデン「外国人法」(2005年) ………………………………………………… 068
スペイン「DVの被害者に対する保護命令に関する法律」(2003年) ………… 073, 089
スペイン「ジェンダーにもとづく暴力への総合的保護措置に関する基本法」
　(2004年) …………………… 033, 037, 040, 042, 046, 052, 060, 061, 065, 076, 092, 101
スペイン「刑事手続法の重要な審査に関する基本法」(2002年) ………………… 077
スペイン「暴力および性的自由に対する犯罪の被害者に対する援助および
　支援に関する法律」(1995年) …………………………………………………… 100

タ　行

チェコ「刑法」第215a条 ……………………………………………………………… 098
チリ「DVに関する法律」(1994年) ………………………………………………… 061
トルコ「刑法」改正(2004年) ………………………………………………… 053, 056
トルコ「刑法」第462条削除(2003年) ……………………………………………… 098

ナ　行

ナイジェリア「暴力禁止法案」 ……………………………………………… 046, 052

ナミビア「レイプ対策法」(2000年) ……………………… 055, 073, 080, 080, 084, 085
ニュージーランド「クック諸島証拠法改正法」(1986〜1987年) ………………… 085
ニュージーランド「人権法」(1993年) ……………………………………………… 105
ネパール最高裁「女性・法・開発のためのフォーラム対ネパール政府事件」 …… 055

ハ 行

パプアニューギニア「刑事(補償)法」(1991年) ………………………………… 037
パプアニューギニア「刑法」(2003年) …………………………………………… 055
バングラデシュ「酸規制法」(2002年) …………………………………………… 050
バングラデシュ「酸を使用した暴力の防止法」(2002年) ……………………… 050
フィジー「家族法」(2003年) ……………………………………………… 088, 091
フィリピン「メールオーダーまたは同様の慣習によるフィリピン女性と
　他国籍保持者間の婚姻の仲介を無効と宣言する法律」(1990年) …………… 070
フィリピン「レイプ被害者支援保護法」(1998年) …………………… 064, 078, 080
フィリピン「女性とその子どもに対する暴力禁止法」(2004年)
　……………………………… 046, 065, 072, 074, 084, 088, 091, 093, 095, 096
ブラジル「刑法」第107条第7および8項が法律8930号により改正(1994年) …… 098
ブラジル「マリア・ダ・ペニャ法」(2006年) ……………… 042, 051, 052, 058, 061
ブルガリア「DV被害者の保護に関する法律」(2005年) …………… 043, 078, 091, 094
ベニン共和国「女性性器切除の慣行の抑制に関する法律」(2003年第3号) …… 050
ポーランド「DVに関する法律」(2005年) ………………………………………… 047
ホンジュラス「DVに関する法律」(1997年) ……………………………………… 045
ホンジュラス「DV防止法」改正(2006年) ………………………………… 065, 075
ホンジュラス「刑事手続法」(1999年) …………………………………………… 079

マ 行 以下

南アフリカ「DV防止法」(1998年) ………………………………………………… 096
南アフリカ「刑事法(性犯罪および関連事項)改正法」(2007年) ……… 043, 084, 086
南アフリカ「性犯罪に関する検察官のための国内ガイドライン」(1998年) …… 041
南アフリカ「平等の促進と不当な差別の予防に関する法律」 …………………… 105
メキシコ「暴力のない生活への女性のアクセスに関する法律」(2007年)
　……………………………………………… 038, 039, 047, 050, 061, 063, 087
モーリシャス「性犯罪法案」 ………………………………………………………… 081
レソト「性犯罪法」(2003年) ……………………………………………………… 055

国際連合女性の地位向上部
国際連合事務局、経済社会局の一組織である。女性の地位委員会、ECOSOC（経済社会理事会）、そして国連総会のジェンダーの平等と女性のエンパワメントに向けた取り組みを支援している。www.un.org/womenwatch/daw/ 参照。

角田由紀子　つのだ　ゆきこ
1975年に弁護士登録。1986年以来、性暴力、セクシュアル・ハラスメント、ドメスティック・バイオレンスなどの事件を多く扱っている。著書に『性の法律学』『性差別と暴力―続・性の法律学』（以上有斐閣選書）

柳本祐加子　やなぎもと　ゆかこ
中京大学法科大学院教員。サバイバーズ・ジャスティスを共同主宰するNGOメンバー。女性の暴力被害者支援制度を講演・講座などにより実施し、国際人権条約委員会へのロビー活動などを行っている。著書に『知っていますか？　スクールセクシュアルハラスメント一問一答』『21世紀の平和学』『クマラスワミ報告を日本で活かすために』ほか

原美奈子（ミナ汰）　はら　みなこ
翻訳通訳業。1980年代から性被害サバイバーや性的マイノリティの人権を擁護する自助活動を展開。現在、"共生社会をつくる"セクシュアル・マイノリティ支援全国ネットワーク代表。

山下梓　やました　あずさ
ゲイジャパンニュース共同代表。LGBTの人権保障に関連し、国連でのロビイングをはじめ、国際的な活動が多い。現在、岩手大学男女共同参画推進室特任研究員。

矯風会ステップハウス
女性がシェルターに避難した後、6カ月から1年間、生活再建のために利用する民間宿泊所。「矯風」は社会の風潮を正すという意味。
刊行物『女性たちが安心して生きられる社会を』（2005年）『自分でできる保護命令申立て・改訂版』（2010年）（書店では扱い。注文はTEL 03-3364-3133へ）

女性への暴力防止・法整備のための国連ハンドブック
Handbook for legislation on violence against women

国際連合　ニューヨーク　2009年 United Nations ● New York, 2009
DAW/DESA　　　Copyright © United Nations, 2009
2010年　国連英語版
2011年　日本語版　発行・梨の木舎

政府・議員・市民団体・女性たち・男性たちに
女性への暴力防止・法整備のための国連ハンドブック

2011年3月19日　初版発行

著　者	国際連合女性の地位向上部
翻　訳	原美奈子・山下梓
編　集	矯風会ステップハウス
ブックデザイン	鈴木　美里
発行者	羽田ゆみ子
発行所	㈲梨の木舎
	〒101-0051　東京都千代田区神田神保町1-42
	電話　　　03(3291)8229
	FAX　　　03(3291)8090
	http//www.jca.apc.org/nashinoki-sha
	e-mail: nashinoki-sha@jca.apc.org
DTP組版	石山和雄
印刷・製本所	株式会社厚徳社

傷ついたあなたへ
わたしがわたしを大切にするということ
NPO法人・レジリエンス著
A5判/104頁/定価1500円＋税

◆DVは、パートナーからの「力」と「支配」です。誰にも話せずひとりで苦しみ、無気力になっている人が、ＤＶやトラウマとむきあい、のりこえていくには困難が伴います。
◆本書は、「わたし」に起きたことに向きあい、「わたし」を大切にして生きていくためのサポートをするものです。2刷

4-8166-0505-3

傷ついたあなたへ2
わたしがわたしを幸せにするということ
NPO法人・レジリエンス著
A5判/85頁/定価1500円＋税

◆ロングセラー『傷ついたあなたへ』（3刷）の2冊目。
◆DV（パートナー間の暴力）が社会問題となって久しいが、一向になくならない。被害者の女性たちが傷つきから回復し、ゆっくりと自分と向きあって心の傷のケアをし、歩き出すためのワークブック

978-4-8166-1003-5

愛する、愛される
──デートDVをなくす・若者のためのレッスン7
山口のり子（アウェアDV行動変革プログラム・ファシリテーター）著
A5判/120頁/定価1200円＋税

愛されているとおもいこみ、暴力から逃げ出せなかった。愛する、愛されるってほんとうはどういうこと？　おとなの間だけでなく、若者のあいだにも広がっているデートＤＶをさけるために。若者のためのレッスン7。2刷

4-8166-0409-X

愛は傷つけない
DV・モラハラ・熟年離婚──自立に向けてのガイドブック
DVカウンセラー　ノーラ・コーリ著
A5判/208頁/定価1700円＋税

●目次　DVとは何か、とくにことばによるいじめとは？●なぜDVが行われるのか、その理由は？●DVが起きている現実を踏まえ、今後どうしたらいい？●DV家庭で育つ子どもたちへの影響はどうなのか？●関係を続けるのならどのような心構えが必要か？●DVから回復するには？　さまざまな自立支援

ＤＶは世界中で起きている。30年のキャリアをもつ日本人カウンセラー（在ニューヨーク）からのメッセージ。女性と男性へ、子どもたちへ

978-4-8166-0803-2

教科書に書かれなかった戦争

㉛有事法制下の靖国神社
国会傍聴10年、わたしが見たこと聞いたこと

西川重則著
A5判/212頁/定価2000円＋税

著者は、1999年のいわゆるガイドライン国会から、国会開催中はほぼ毎回傍聴を続けている。以来新ガイドラインが成立し、国旗国家法が成立し、有事法制が成立し、戦争のできる国に着々と歩みつつある。著者が見た「はだかの国会」の姿をつたえる。

978-4-8166-0901-5

㉜わたしは、とても美しい場所に住んでいます
――暮らしの隣ですすむ軍事化――

基地にNO!アジア・女たちの会編　石原理絵・木元茂夫・竹見智恵子/著
A5判/92頁/定価1000円＋税

沖縄・高江の米軍北部訓練所では、いま何が起きているのか。基地問題、入門編としておすすめです。
――戦争のための基地ではなく、静かな朝、鳥の声、夜には満天の星を、子どもたちに、残したい。

978-4-8166-0903-9

㉝歴史教育と歴史学の協働をめざして――
ゆれる境界・国家・地域にどう向きあうか

坂井俊樹・浪川健治編著　森田武監修
A5判/418頁/定価3500円＋税

●目次　1章　境界と領域の歴史像　2章　地域　営みの場の広がりと人間
　　　　3章　交流のなかの東アジアと日本　4章　現代社会と歴史理解

歴史教育者である教師と、歴史研究者の交流・相互理解をすすめる対話と協働の書。今日の歴史教育を取り巻く状況を、「境界・国家・地域という視点から見つめなおす。

978-4-8166-0908-4

㉞アボジが帰るその日まで
――靖国神社へ合祀取消しを求めて――

李熙子(イ・ヒジャ)＋竹見智恵子/著
A5判/144頁/定価1500円＋税

●目次　第一章　イ・ヒジャ物語―日本で提訴するまでの足どり
　　　　第二章　江華島ふたり旅
　　　　資料編　イ・ヒジャさんの裁判をもっとよく理解するために

「わたしにはひとつだけどうしてもやりとげたいことがある。
それはアボジを靖国神社からとり戻し故郷の江華島に連れ帰ること」

978-4-8166-0909-1

㊺それでもぼくは生きぬいた
日本軍の捕虜になったイギリス兵の物語
シャーウィン裕子　著
四六判/248頁/定価1600円＋税

●目次　一話　戦争を恨んで人を憎まず——チャールズ・ビーデマン/二話　秘密の大学——フランク・ベル/三話　トンネルの先に光——鉄道マン、エリック・ローマックス/四話　工藤艦長に救われた——サム・フォール/五話　命を賭けた脱出、死刑寸前の救命——ジム・ブラッドリーとシリル・ワイルド

第2次世界大戦において日本軍の捕虜となり、その過酷な状況を生きぬいた6人のイギリス人将兵の物語。

978-4-8166-0910-7

㊻次世代に語りつぐ生体解剖の記憶
——元軍医湯浅謙さんの戦後
小林節子著
A5判190頁　定価1700円＋税

目次　1湯浅謙さんの証言　2生体解剖の告発—中国側の資料から　3山西省で　4中華人民共和国の戦犯政策　5帰国、そして医療活動再開

日中戦争下の中国で、日本軍は軍命により「手術演習」という名の「生体解剖」を行っていた。それは日常業務であり、軍医、看護婦、衛生兵など数千人が関わっていたと推定される。湯浅医師は、罪過を、自分に、国家に、問い続けた。

978-4-8166-1005-9

いつもお天道さまが守ってくれた
——在日ハルモニ・ハラボジの物語
朴日粉著
四六判212頁　定価1500円＋税

「人様を思いやる心根のやさしさ」は「人間の一番初めにあるべき知性」と石牟礼道子さんは言った。生きて、愛して、闘った、ハルモニ・ハラボジ34人へのインタビュー

978-4-8166-1101-8

旅行ガイドにないアジアを歩く

旅行ガイドにないアジアを歩く
マレーシア
高嶋伸欣・関口竜一・鈴木　晶著
A5判変型192頁　定価2000円＋税

過去を見つめ、未来をひらく、1人で歩けるガイドブック。住民虐殺の追悼碑45ヶ所をたずねる。口絵カラー8頁、写真190点、地図20点、収載。

ガイドは30余年にわたり100回近い旅を重ねてきた高嶋伸欣さんと、二人の高校教師関口竜一さんと鈴木晶さん

978-4-8166-1007-3

シリーズ　平和をつくる

1　いま、聖書をよむ
——ジェンダーによる偏見と原理主義の克服をめざして

高柳富夫著
A5判/180頁/定価1800円＋税

　一つの価値観をおしつけ、自由な批判精神を摘み取る点で、「キリスト教原理主義」と「日の丸・君が代原理主義」は同じ根をもっている。原理主義克服のために、原初史（創世記1章から11章）に託された真のメッセージは何かを問う。

4-8166-0406-5

2　9・11以降のアメリカ　政治と宗教

蓮見博昭著
A5判/192頁/定価1800円＋税

　アメリカは今でも「自由の国」なのか、民主主義は機能しているのか。泥沼化したイラク戦争を抱える国、アメリカ。変貌しつつある「政治と宗教」を、歴史的にそして日本と比較しながらあきらかにする。

4-8166-0407-3

3　平和の種をはこぶ風になれ
ノーマ・フィールドさんとシカゴで話す

ノーマ・フィールド　内海愛子著
四六判上製/264頁/定価2200円＋税

　2004年7月4日、内海愛子さんとシカゴ空港に降り立った。対イラク戦争を始めて1年すぎた独立記念日のアメリカ。「戦時下なのに戦争の影がないですね」、から対談は始まった。わたしたちの平和な消費生活が戦争を支えている——。個人史をふり返りながら、「平和」とは何かを考える。

978-4-8166-0703-5

5　韓流がつたえる現代韓国
——『初恋』からノ・ムヒョンの死まで

イ・ヨンチェ著
A5判/192頁/定価1700円＋税

　韓流ドラマ・映画を入り口に韓国現代を学ぶ。韓国ドラマの中にはその時代の社会像とその時代を生きた個人の価値観や人間像がリアルに描かれている。植民地・分断・反共・民主化、そして格差をキーワードに織り込みながら、民主化世代の著者が語る。民主化の象徴であるノ・ムヒョン前大統領の死を韓国の国民はどううけとめたか。

978-4-8166-1001-1